RITES, GENRE ET POUVOIR AU MAROC

Histoire et Perspectives méditerranéennes
Collection dirigée par Jean-Paul Chagnollaud

Dans le cadre de cette collection, créée en 1985, les Éditions L'Harmattan se proposent de publier un ensemble de travaux concernant le monde méditerranéen des origines à nos jours.

Dernières parutions

Yahya EL YAHYAOUI, *Numérique et développement au Maroc. La grande fracture*, 2022.
Resul KARACA, *Constructions de l'Islam. Les musulmans comme vecteurs importants pour la recherche de l'identité nationale en France à l'heure actuelle*, 2022.
Abdelaziz RIZIKI MOHAMED, *La diplomatie en terre d'Islam, Nouvelle édition revue et augmentée,* 2022.
Badr KARKBI, *L'islam politique en Tunisie. Crise identitaire et perspectives séculaires*, 2022.
Jawad ABIBI, *Délinquance et incivilités au Maroc. Contribution à l'analyse des politiques sécuritaires*, 2022.
Alfred SALINAS, *Algérie, l'empreinte espagnole*, 2022.
Maria LUCENTI, *Le monde arabo-musulman et l'Occident dans les manuels scolaires d'Italie et de Tunisie*, 2021.
Djamel BELAID, *L'agriculture en Algérie. Ou comment nourrir 45 millions d'habitants en temps de crise*, 2021.
Salem SALAH, *Femmes tunisiennes, waqf et droit de propriété à l'époque moderne. XVIIe-XIXe siècles*, 2021.
Bernard LE GORGEU, *La stratégie numérique du Maroc. Vers l'émergence d'un hub numérique régional ?*, 2021.
Kamal GUERROUA, *L'Algérie révoltée. Entre impasse et espoir de changement*, 2021.
Hocine MALTI, *Chroniques des années Bouteflika, (1999-2010)*, 2021
Jacques IZOULET, *Des chrétiens en Afrique du Nord (1945-1962)*, 2021.
Mustapha CHOUIKI, *La symbolique urbaine. Quelle mondialisation pour la ville maghrébine ?*, 2020.

Souad AZIZI

RITES, GENRE ET POUVOIR AU MAROC

Textes d'ethnologie marocaine réunis en
hommage à Camille Lacoste-Dujardin

Du même auteur

AZIZI, Souad (sous la dir. de). 2019. *L'internet au Maroc : Militantismes, sociabilités et solidarités numériques*. Paris : L'Harmattan. 211 p. (coll. « Logiques sociales »). <ISBN : 978-2-343-16789-3>

AZIZI, Souad. 2014. *Cérémonies de mariage en changement dans le Grand Agadir (Sous, Maroc)*. Lille : Agence Nationale de Reproduction des Thèses. 450 p., 29 pl., 58 ill. <ISBN : 978-2-7295-86-89-8>

© L'Harmattan, 2022
5-7, rue de l'Ecole-Polytechnique, 75005 Paris
http://www.editions-harmattan.fr
ISBN : 978-2-14-031367-7
EAN : 9782140313677

Sommaire

Dédicace 9

Avant-propos 11

Camille Lacoste-Dujardin : une ethnologie du dialogue et du partage 11

Système de transcription des termes arabes et amazighs 17

Introduction 19

Partie I. Rituels familiaux : dynamique de la symbolique de la royauté et construction photographique des identités 37

Chapitre 1. Logiques féminines de légitimation du pouvoir monarchique (Maroc) 39

Chapitre 2. La photographie enfantine au Maroc : construction photographique des identités sexuées et idéologie du mariage 83

Partie II. Coutumes matrimoniales : instruments de domination masculine et d'exhérédation féminine ... 127

Chapitre 3. La compensation matrimoniale dans le mariage traditionnel chleuh 129

Chapitre 4. *Lqimt* (la dot), système de transmission des biens dans les relations matrimoniales dans le Sous . 151

Partie III. L'institutionnalisation de rapports sociaux hiérarchiques 171

Chapitre 5. Une royauté éphémère : le sultanat des *Tolba* de Qarawiyine (Fès) 173

Chapitre 6. Le nom de personne dans l'oasis de Figuig : un système de codification des relations sociales.. 187

Liste des tableaux 221

Liste des figures 223

Dédicace

Je dédie cet ouvrage à la mémoire de Camille Lacoste-Dujardin, la dame au grand cœur et l'ethnologue hors-pair, qui a soutenu mes premiers pas d'apprentie ethnologue.

Avant-propos

Camille Lacoste-Dujardin : une ethnologie du dialogue et du partage

Ce recueil de six textes d'ethnologie marocaine vise à rendre hommage à Camille Lacoste-Dujardin, (1921-2016), éminente figure de l'ethnologie française, qui a dédié sa carrière scientifique à l'étude des complexités de la société kabyle et, au-delà, à celles de toute société humaine. En effet, même si elles ont été « en apparence restreinte[s] à un peuple montagnard, à sa langue, à sa culture », ses recherches ethnologiques n'ont jamais été limitées « ni dans l'espace, ni dans le temps, non plus que strictement à quelque seul 'objet' d'observation et [ont] toujours impliqué des références à de plus vastes ensembles » (Lacoste-Dujardin, 2010 (a) : 76).

Chercheuse infatigable, sa bibliographie compte 14 ouvrages personnels et près de 200 articles scientifiques, dont les thématiques majeures sont les contes, l'ethnopolitique, les relations hommes/femmes, ainsi que la question de l'intégration des jeunes femmes issues de parents maghrébins en France. Élève d'André Leroi-Gourhan et de Lionel Galand, ses maîtres respectifs en ethnologie et en langue berbère (kabyle), elle débute sa carrière d'ethnologue durant une période historique agitée, marquée par les guerres d'indépendance et la décolonisation des pays du Maghreb et d'Afrique de l'Ouest (1950-1960). Lacoste-Dujardin a participé au développement d'une ethnologie postcoloniale, dialogique et dynamique, qui rompt avec les paradigmes d'une ethnologie anhistorique, passéiste et essentialiste, voire une ethnologie de collusion avec le régime colonial (Lacoste-Dujardin, 1997 : 55-58, 261-272).

Commentant son parcours, Pierre Robert Baduel (2017) – à l'instar de Camille Lacoste-Dujardin elle-même (1982 [1970] : 7 ; 2010 (a) : 83) – présente l'intérêt pour les contes kabyles comme le fruit d'un concours de circonstances (découverte d'un corpus collecté par Auguste Mouliéras dans les années 1880) et du contexte géopolitique (guerre d'Algérie) lui interdisant l'accès au terrain kabyle. Pourtant, de la *Traduction des Légendes et contes merveilleux de la Grande Kabylie d'Auguste Mouliéras* (1965) à *Contes de femmes et d'ogresses en Kabylie* (2010 (b)), en passant par *Le conte kabyle, étude ethnologique* (1982 [1970]), cette littérature orale, en grande partie féminine, constitue un objet majeur et constant dans l'œuvre de Lacoste-Dujardin.

Un premier apport a consisté en une rupture avec l'approche orientaliste classique et l'élaboration d'une approche ethnologique originale des contes comme des « témoins de l'intérieur » (Lacoste-Dujardin, 1982 [1970] : 111). « [U]ne sorte d'auto-ethnographie » (*Ibid.*) dont l'analyse permet de mettre à jour la culture du groupe social, son système de valeurs, la coexistence de systèmes conceptuels concurrents, ainsi que les tensions sociales internes, révélées notamment par deux catégories de contes : les contes anciens (« contes paysans ») qui valorisent un ordre social traditionnel mythifié et les plus récents (« contes politiques ») qui mettent en scène des héros contestataires de l'ordre établi (Lacoste-Dujardin, 1982 [1970] : 485-486). Elle a ainsi révolutionné l'étude des contes kabyles à travers une approche novatrice les appréhendant comme des « documents ethnographiques » (Lacoste-Dujardin, 1982 [1970] : 45) révélateurs des relations hommes/femmes et des contre-pouvoirs féminins, dont ils sont un espace d'expression privilégié et un terrain d'observation aussi important que l'enquête ethnographique directe.

De *Dialogue de femmes en ethnologie* (2002 [1977]) à *La vaillance des femmes* (2008), en passant par *Des mères contre les femmes* (1985), Camille Lacoste-Dujardin a développé une ethnologie de la complexité des relations hommes/femmes, sensible à leur variabilité selon le contexte socioculturel et dynamiques dans le temps et l'espace. *Des mères contre les femmes* développe une thèse originale sur la question des mécanismes de transmission et de perpétuation de la subordination des femmes, en montrant que la soumission des femmes à l'ordre patrilignager et patriarcal se fait par le biais d'agents féminins, les « mères de garçons » qui en constituent les chevilles ouvrières. En tant que « déléguées de l'autorité masculine » dans l'espace domestique, ces mères de fils adultes et mariés (*timyarin*) se font les « complices du pouvoir masculin », principale source de leur propre autorité et pouvoir sur les femmes plus jeunes (Lacoste-Dujardin, 1985 : 130-132).

En réaction à la thèse du consentement général des femmes à la domination masculine, et à l'appréhension par Bourdieu (1998) de la société kabyle comme conservatoire et instrument d'une socioanalyse de « l'inconscient androcentrique méditerranéen », Lacoste-Dujardin revient, dans *La vaillance des femmes* (2008), sur cette question de la complexité des relations hommes/femmes. Elle s'évertue, dans ce vibrant hommage à la capacité de résilience féminine, à démontrer que les femmes kabyles, d'hier comme d'aujourd'hui, sont de vaillantes contestatrices de l'ordre patrilignager et patriarcal, contre lequel elles déploient de multiples formes de résistances et de contre-pouvoirs féminins.

Dès *Dialogues de femmes en ethnologie* (2002 [1977]), Lacoste-Dujardin a contribué au développement d'une ethnologie dialogique et engagée, qui évacue la figure coloniale de l'indigène/informateur et privilégie une relation discursive empreinte d'empathie et de respect mutuel, où ses interlocutrices sont des partenaires-actrices dans le processus de compréhension des complexités des phénomènes sociaux observés (Lacoste-Dujardin, 2002 : 106-108).

De la restitution comprise comme transmission du savoir ethnologique aux pairs, voire à un public plus large, Lacoste-Dujardin a fait un véritable engagement à restituer aux observés eux-mêmes ce savoir, dont ils peuvent tirer des moyens d'agir (Lacoste-Dujardin, 2002 : 111-114). Le devoir de faire connaître et comprendre les complexités de la société kabyle – à ceux qui y sont étrangers autant qu'à ceux qui en sont natifs – a donné lieu à des ouvrages que l'on peut considérer comme relevant d'une ethnologie partagée. Il en est ainsi du *Dictionnaire de la culture berbère en Kabylie* (2005) et de *Le voyage d'Idir et Djya. Initiation à la culture kabyle* (2003), l'objectif explicitement énoncé du dernier ouvrage étant d'initier les jeunes franco-kabyles à la culture de leurs grands-parents.

Souad Azizi
Mohammedia, le 12 octobre 2019

Références bibliographiques

BADUEL, Pierre Robert. 2017. « D'un moment de l'ethnologie sur le Maghreb : Camille Lacoste-Dujardin, d'un orientalisme ethnologique à une ethnologie postcoloniale ». *Revue des mondes musulmans et de la Méditerranée* [En ligne]. Vol. 141, p. 279-308. <https://journals.openedition.org/remmm/9986>

BOURDIEU, Pierre. 1998. *La domination masculine*. Paris : Seuil. 142 p.

LACOSTE-DUJARDIN, Camille. 1965. *Traduction des Légendes et contes merveilleux de la Grande Kabylie d'Auguste Mouliéras*. Paris : Paul Geuthner. 558 p.

- 1982 [1970]. *Le conte kabyle, étude ethnologique*. 2ème éd. Paris : François Maspero. 534 p.
- 1985. *Des mères contre les femmes. Maternité et patriarcat au Maghreb*. Paris : La Découverte. 268 p.
- 1997. *Opération "Oiseau bleu". Des Kabyles, des ethnologues et la guerre d'Algérie*. Paris : La Découverte & Syros. 307 p.
- 2002 [1977]. *Dialogue de femmes en ethnologie*. 2ème éd. Paris : La Découverte & Syros. 115 p.
- 2003. *Le voyage d'Idir et Djya. Initiation à la culture kabyle*. Paris : L'Harmattan. 133 p.
- 2005. *Dictionnaire de la culture berbère en Kabylie*. Paris : La Découverte. 394 p.
- 2008. *La vaillance des femmes. Les relations entre femmes et hommes berbères de Kabylie*. Paris : La Découverte. 164 p.
- 2010 (a). « Des femmes au Maghreb : regards d'une ethnologue sur cinquante ans d'études et de recherches ». *Hérodote* [En ligne]. Vol. 1, n°136, p. 76-99. <https://www.cairn.info/revue-herodote-2010-1-page-76.htm>
- 2010 (b). *Contes de femmes et d'ogresses en Kabylie*. Paris : Karthala. 198 p.

Système de transcription des termes arabes et amazighs[1]

Arabe	A.P.I.[2]	Adoptée	Exemples
ه	h	h	lhadiya
ح	ḥ	ħ	ħabus
خ	x	x	xali
ع	ʕ	ɛ	ɛalim
غ	R	γ	tamγart
ر	r	r	aruku
ر	ṛ	ṛ	iṛaman
ق	q	q	lqimt
ك	g	g	agadir
ي	j	y	asays
و	w	w	awal
-	ə	ə	amərwas
ج	ž	j	al jihaz
ش	ʃ	c	tbacirt
س	s	s	sunna
ص	ṣ	ṣ	ṣadaq
د	d	d	dfuɛ
ض	9	ḍ	fariḍa
ت	t	t	tafawut
ث	-	ẗ	vuẗa
ط	ṭ	ṭ	ṭalaba
ز	z	z	tamzwarut
ژ	z	ẓ	aẓemẓi

---

[1] Dans cet ouvrage, les termes amazighs et arabes sont transcrits au format italique.
[2]. Source de l'Alphabet Phonétique International (API) : Gaya, HAMIMI, 1997, *Grammaire et conjugaison amaziγ*, Paris : L'Harmattan, 394 p.

Introduction

Les six textes réunis ici, en hommage à la mémoire de Camille Lacoste-Dujardin, sont présentés sous forme de chapitres, répartis sur trois parties, dans un ordre qui tient plus compte de la continuité de ma réflexion sur une question donnée, que de leur temps de production. En effet, les thématiques de ces trois parties sont étroitement interconnectées. Elles rendent compte de mon intérêt constant, sur plus de deux décennies, pour la ritualisation des relations de genre, l'évolution de la symbolique de la royauté dans les rituels familiaux, ainsi que les modalités d'institutionnalisation de rapports sociaux hiérarchiques.

1. Rituels familiaux : dynamique de la symbolique de la royauté et construction photographique des identités

La première partie réunit deux textes qui ont en commun de mettre en relief la dynamique des rituels familiaux et le rôle de plus en plus prépondérant de la vidéo photographie dans la mise en scène des relations de genre et la construction sociale des identités sexuées. Les rituels familiaux dont il s'agit sont : les rites de mariage et les rites de la petite enfance. Dans tous ces rites de passage, la photographie a acquis une place de premier choix, en tant qu'outil mémoriel tout d'abord, mais aussi en tant que moyen de symbolisation et de transmission de configurations culturelles et politiques fondamentales.

Le premier chapitre[1] porte sur la mise en scène vidéo photographique du couple et la dynamique de la symbolique de la royauté, dans les noces contemporaines. Il constitue une synthèse des résultats de ma recherche doctorale qui a porté sur les rites de mariage dans le Grand Agadir (Azizi, 1998).

Les rites de mariage sont un objet classique de l'anthropologie. Mais cet objet a été abordé aussi bien dans ses aspects traditionnels en milieu rural (région du Sous)[2] que dans ses dynamiques de changement en milieu urbain (Grand Agadir), avec une attention particulière pour l'évolution de la mise en scène symbolique des relations de genre qu'impliquent ces changements rituels.

L'objectif majeur de mes recherches sur les rites de mariage dans le Grand Agadir était de comprendre pourquoi et comment, dans une région dont l'arrière-pays chleuh se caractérisait par une grande diversité rituelle et par un souci constant de différenciation d'avec les autres régions du Maroc, le changement se manifeste – malgré certaines résistances – à travers l'adoption généralisée du « rituel des sept toilettes » (*ləbas*). Un rituel vestimentaire et vidéo photographique qui constitue une version revisitée de ritualités traditionnelles, propres à la bourgeoisie des villes septentrionales.

Hier, les femmes disaient les mots de la tribu par leur costume, leurs bijoux, leur maquillage, voire leur tatouage. Aujourd'hui, elles ne sont plus enfermées dans un champ de discours exclusivement domestique et local, même si

---

[1] Ce texte a été publié pour la première fois dans la revue *Awal, Cahiers d'études berbères* (Azizi, 2002 : 23-48).

[2] Région amazighophone, située dans le Sud-ouest du pays, dont la population pratique la Tachelhit (l'une des trois variantes majeures de la langue amazighe au Maroc). Les habitants de cette région sont appelés les Chleuh(e)s. Ci-après l'adjectif « chleuh(e) » est utilisé pour qualifier toute chose se rapportant à cette région et à sa population.

leur principal support d'expression reste toujours le corps, ses enveloppes et divers marqueurs culturels. L'analyse de leur manipulation des signes vestimentaires dans le « rituel des sept toilettes » permet de mettre en évidence des représentations féminines de la nation et une subversion des anciens modes d'identification à la figure de la royauté. Par cette mise en scène costumée du couple, les femmes expriment symboliquement leur attachement à un certain système de pouvoir, tout en proclamant leur inscription dans un ensemble plus large que le village, la tribu ou la ville. Elles disent les mots de la nation à travers un rite de passage dont elles ont aujourd'hui un contrôle total, que ce soit pour le mariage de la jeune fille ou celui du jeune homme.

L'adoption généralisée du rituel vestimentaire par les familles marocaines a contribué au développement de services photo vidéographiques monétarisés, liés au besoin de constituer, par la vidéo et l'album des noces, une mémoire et une preuve de célébration selon le nouveau canon rituel. Aujourd'hui, le recours aux services d'un professionnel de l'image dans le cadre du mariage n'est plus une affaire de choix ou de désir individuel, mais s'impose comme un impératif social et un acte majeur constitutif du rite de passage.

Par ailleurs, ce mode de ritualisation vidéo photographique du passage a largement débordé du cadre des rites de mariage pour imprégner d'autres étapes du cycle de vie de l'individu marocain, à un âge plus tendre.

L'étude présentée dans le deuxième chapitre[3] a été réalisée dans le cadre de cette intensification du recours des familles marocaines à la photographie de studio pour marquer les étapes de croissance de leurs enfants, ainsi que les rites de passage de la petite enfance

---

[3] Ce texte a été publié pour la première fois dans la revue *Enfances, Familles et Générations*, (Azizi, 2021).

traditionnellement liés à la célébration de fêtes religieuses, telles que l'Achoura, le Mouloud et la Veille du 27e jour du Ramadan.

Cette étude visait à comprendre les fonctions sociales et rituelles de la photographie enfantine. Il en ressort que la photographie enfantine est une construction sociale d'une certaine image de l'enfant, résultant d'une communauté d'agir et de pensée entre photographes et familles. L'album de famille est une pratique fortement sexuée où ce sont les mères bien plus que les pères qui s'investissent dans la constitution de ce bien symbolique transmissible qui a acquis valeur de preuve de bientraitance et de transmission des traditions vestimentaires marocaines.

Telle qu'elle est pratiquée au Maroc, la photographie enfantine reflète l'imprégnation de la photographie familiale par la culture makhzen et la symbolique du mariage. Ainsi, le rituel photo vidéographique est un instrument de construction des identités sexuées et d'inculcation d'une idéologie du mariage à un âge de plus en plus tendre. La photographie enfantine révèle, en effet, que le mariage reste une institution très valorisée et que les garçons comme les filles sont préparés très tôt à se projeter dans les rôles sociaux d'époux et d'épouse. Par ailleurs, l'infusion du rituel vestimentaire des noces dans la photographie enfantine fait de cette dernière un instrument de transmission de l'identité nationale et des symboles et valeurs de la royauté.

2. Coutumes matrimoniales : instruments de domination masculine et d'exhérédation féminine

La deuxième partie de ce recueil comporte deux textes issus de mes recherches sur les coutumes et rites de mariage traditionnels du Sous. Le troisième chapitre porte sur l'*amərwas* (compensation matrimoniale), tandis que le quatrième a pour objet la *lqimt* (dot de la mariée)[4]. Ces deux institutions coutumières chleuhes étaient au fondement de l'union conjugale et structuraient les relations homme/femme, avant la généralisation de la Moudawana dans les tribus du Sous.

De toutes les tribus amazighes du Maroc précolonial, celles du Sous sont réputées pour avoir un taux de divorce plutôt bas. Cela peut s'expliquer d'une part par le fait que les coutumiers chleuhs ne comportent pas de dispositions permettant à l'épouse de prendre l'initiative de rompre le lien conjugal, et d'autre part par le fait que l'idéal social survalorisé, et symboliquement exprimé dans les rites de mariage, est la monogamie primaire pour l'homme comme pour la femme (Azizi, 1998 : 123-132).

Mes travaux sur les coutumes matrimoniales ont permis de mettre à jour le rôle de l'*amərwas* et de la *lqimt* dans la stabilité du mariage, ainsi que leur effet sur le statut de l'épouse. Ils ont de même permis de montrer la non pertinence de l'usage de la notion dite « prix de la mariée », dans le contexte chleuh. Car, il faut en effet rappeler ici que, dans l'abondante littérature coloniale sur le droit coutumier berbère, les échanges de biens et d'argent qui ont lieu entre les familles au moment du mariage ont souvent fait l'objet d'interprétations entachées d'ethnocentrisme[5]. L'assimilation du *ṣadaq* et de ses

---

[4] Ce deux textes ont fait l'objet d'une première publication dans *Awal, Cahiers d'études berbères*, respectivement (Azizi, 2001 (a) : 101-114) et (Azizi, 2001 (b) : 31-42).

[5] R. Aspinion conclut ainsi sa description des obligations du mari chez les Zayan : « En fait, et quoi qu'en en dise, les berbères ne sont pas loin de considérer le mariage comme l'achat d'une femme, de même qu'ils ne le considèrent que très rarement comme l'union de deux êtres qui s'aiment. Le but est surtout de mettre à profit les services que la femme peut rendre à la tribu par la procréation, et à la tente par les

dérivés berbères à un « prix de la mariée » révèle le poids des référents culturels d'observateurs occidentaux habitués à un modèle matrimonial où la famille féminine assume une grande part du coût de l'établissement du couple, par l'octroi d'une dot à la mariée. Aussi, la littérature coloniale regorge-t-elle de conclusions où le mariage de la fille est assimilé à une vente de sa personne et où la condition de la femme mariée est appréhendée comme une forme d'esclavage[6].

Or, nous sommes en pays chleuh face à un modèle matrimonial régi par deux institutions coutumières, l'*amərwas* et la *lqimt*, dont les spécificités et les effets invalident totalement l'assimilation du mariage berbère à une transaction commerciale dont la femme serait l'objet. L'*amərwas* que l'on peut traduire par « dette matrimoniale » est l'équivalent du *ṣadaq* orthodoxe, mais s'en distingue par son prix invariable fixé par le coutumier de chaque groupe, mais aussi et surtout par le report total et conditionnel de son paiement à une répudiation abusive. Bien qu'il la prive du droit accordé par l'Islam de recevoir une compensation matrimoniale au moment du mariage, l'*amərwas* constituait pour l'épouse une sorte de garantie contre l'usage abusif de la répudiation par un mari frivole ou coléreux.

La femme chleuhe arrive donc au mariage en position de créancière de son époux. De plus, elle vient au domicile conjugal dotée par son père du capital en nature nommé *lqimt*. La *lqimt* est constituée d'un ensemble de biens (meubles, bijoux, etc.) dont la valeur de chaque article ainsi que le prix global font l'objet d'une évaluation cérémonielle et d'une consignation sur un acte adoulaire (Azizi, 1998 : 132-136). Cette prestation se distingue d'un

---

travaux de ménage et des champs, et les corvées de toutes sortes » (1937 : 112).

[6] Voir également les conclusions de G. Trenga (1917 : 228-229).

simple trousseau par le fait qu'en cas de répudiation l'acte dressé permet au père de la mariée de récupérer la totalité de la *lqimt* en nature ou en numéraire.

La *lqimt* peut être considérée comme l'équivalent de la dot occidentale. D'une part, le mari chleuh – comme l'époux occidental – est tenu pour responsable de la conservation de la dot et de sa fructification. Il peut utiliser ce capital féminin pour son propre compte, mais à condition d'en restituer la totalité de la valeur en cas de répudiation pour quelque motif que ce soit. D'autre part, la *lqimt* est moins une libéralité de père à fille qu'un avancement d'hoirie qui permet aux groupes agnatiques d'exclure les filles de la succession des biens immeubles. Cette institution coutumière est en effet utilisée, explicitement ou tacitement, comme un instrument d'exhérédation des filles mariées. Cela afin de tenir les successeurs légaux de la femme (époux et enfants) à l'écart du patrimoine tenu en indivision dans la lignée agnatique.

Les fonctions sociales de l'*amərwas* et de la *lqimt* sont des plus évidentes. Il s'agit pour le groupe patriarcal de se prémunir des perturbations potentielles que pourrait engendrer une union conjugale affaiblie par le pouvoir de répudiation unilatéral de l'époux, ainsi que de l'affaiblissement des ressources qui pourrait résulter d'une pleine application des droits successoraux des filles.

Par contre, au regard de la femme, ces deux institutions ont des effets des plus contradictoires sur sa condition. L'*amərwas* fonctionne comme une garantie lui assurant une vie conjugale stable. Dans le même temps, il la prive à la fois du droit islamique de recevoir une compensation matrimoniale (*ṣadaq*), et de la possibilité de rompre une union malheureuse. Quant à la *lqimt* qui fonctionne également comme une assurance contre la répudiation, elle garantit un équilibre des forces au sein du couple et renforce le statut de la femme au sein de la communauté féminine d'accueil, mais tout en permettant de la léser de ses droits à la succession des biens immeubles.

L'*amərwas* comme la *lqmit* sont donc deux institutions coutumières éminemment complexes qui résultent d'une adaptation des règles juridiques islamiques à des impératifs locaux. Leurs effets contradictoires sur la condition féminine témoignent de l'ambiguïté qui préside à l'élaboration du droit patriarcal, qu'il soit islamique ou coutumier. Cette ambiguïté tient au fait que le législateur peut tour à tour se trouver dans la position de l'époux qui essaye d'asseoir sa prédominance sur la femme rapportée (l'épouse), ou dans celle du père qui tente d'assurer la sécurité matrimoniale de ses filles, tout en protégeant le patrimoine agnatique des perturbations potentielles de leur accès à la succession.

3. L'institutionnalisation de rapports sociaux hiérarchiques

La troisième partie réunit deux textes issus de recherches postdoctorales, menées simultanément sur deux terrains différents (Fès et Figuig). Leurs objets respectifs s'inscrivent en continuité de mes réflexions sur la mise en scène du pouvoir chérifien dans les rituels familiaux et les modalités symboliques et concrètes de légitimation/perpétuation de rapports sociaux hiérarchiques (chérif/non chérif ; homme/femme ; aîné/cadet, etc.).

Le cinquième chapitre[7] porte sur le rituel d'intronisation éphémère des étudiants de l'université de

---

[7] Le texte issu de cette recherche sur la Fête du Sultan des Tolba a été publié dans les Actes des deuxièmes « Rencontres d'Anthropologie du

Qarawiyine, communément appelé la « Fête du Sultan des Tolba » ou « *nuzhat ṭalaba* » dans les littératures coloniale et marocaine.

En conclusion à mon travail de thèse, où j'ai montré comment les anciens rituels masculins d'intronisation ont été subvertis par les femmes, j'avais émis l'hypothèse qu'il pourrait y avoir une corrélation entre la « dévirilisation » symbolique du marié, l'évolution du mode d'accession au trône et le renforcement de la légitimité constitutionnelle de la monarchie marocaine. La vérification de cette hypothèse devait permettre non seulement de confirmer les relations symbiotiques qui existent, au Maroc, entre les rituels de pouvoir chérifiens et les rituels domestiques, mais également de montrer comment tout changement dans le mode de fonctionnement ou de légitimation du pouvoir monarchique amène, comme en écho, un réajustement des expressions rituelles de ce pouvoir dans les rites de passage populaires.

Mais la réalisation de cet objectif nécessitait au préalable une recherche approfondie sur la genèse et le mode de diffusion des anciens rituels d'intronisation du marié, ainsi que leur confrontation avec la Fête du Sultan des Tolba, cette royauté éphémère, historiquement reconnue comme une tradition fondée par le premier sultan alaouite[8]. Car le mimétisme suscité par la diffusion télévisée des noces royales conduit à penser que, même dans le passé, les noces de parents proches du Sultan recevaient une certaine publication qui permettait au souverain de s'assurer de la reconnaissance populaire.

Les rituels d'intronisation du marié ont sans aucun doute pour origine le mimétisme du cérémonial entourant

---

Maghreb », organisées par le Centre Jacques Berque, à Fès, en mai 2004 (Azizi, 2005 : 45-52).
[8] Moulay Rachid (1644-1672).

le passage des mariés chérifs, proches parents du Sultan régnant, s'alliant avec lui et surtout ayant l'opportunité de célébrer leurs noces le jour où le souverain lui-même célèbre un premier ou énième mariage. Mais n'ayant pas eu accès aux archives royales, je n'ai pas pu vérifier s'il existe des chroniques historiques décrivant les cérémonies de mariage des sultans et chérifs alaouites.

Dans le cadre de cette recherche sur la tradition festive de Qarawiyine, je suis partie du postulat que ce sont les *ṭolba afaqiyin*[9] qui ont favorisé la diffusion des rituels de pouvoir chérifiens dans les autres villes et tribus soumises au Makhzen, par l'importation de cette forme d'intronisation éphémère comme modèle rituel, pour les grandes étapes du cycle de vie (circoncision et mariage) et du cycle d'apprentissage du Coran chez le sujet masculin.

Dans cette optique, la fête du Sultan des Tolba est intéressante à étudier, en tant que pendant des rituels d'intronisation des mariés, avec lesquels elle partage nombre de points communs, tant dans sa texture dramatique que dans son contenu symbolique. Car si l'intronisation éphémère du marié est un rite de passage domestique consacrant le passage du statut de célibataire à celui d'homme marié, celle de l'étudiant de Qarawiyine peut être appréhendée comme un rite de passage académique consacrant le passage du statut de *ṭalib* au statut de *ɛalim*[10]. Dans les deux cas, la figure du Sultan auquel le jeune marocain s'identifie est érigée au rang d'emblème de virilité et d'érudition à imiter, respecter, voire vénérer.

---

[9] C'est-à-dire étrangers à la ville de Fès. Pour des descriptions des festivités des tolba des tribus, voir Aubin (1922 : 95) ; Michaux-Bellaire et Salmon (1905/VI : 258, 262, 236 et sq.) et Mouliéras (1895 : 269-271 ; 1899 : 594-595).

[10] Il semble qu'au fondement de cette tradition la couronne revenait au plus méritant des *ṭolba* et non au plus offrant lors de la mise aux enchères.

Par ailleurs, cette fête estudiantine est intéressante à étudier en soi, en tant que rituel d'institution de l'autorité politico-religieuse du corps des Oulémas et de leur chef suprême, le Commandeur des Croyants[11], mais aussi en tant que simulacre d'inversion temporaire du pouvoir et de l'autorité du Sultan régnant[12]. Cela dans l'objectif de mieux comprendre les mécanismes subtils qui sont au fondement des relations à la fois fusionnelles et antagonistes du souverain marocain et de ses sujets.

La Fête du Sultan des Tolba me semblait également un objet heuristique intéressant en tant qu'enjeu potentiel de la compétition du Palais et de la Résidence pour le monopole des manifestations symboliques du pouvoir et de l'autorité. La question de l'impact de la situation

---

[11] Selon Malika Zeghal, « La fonction de conservation du patrimoine religieux tourne […] autour de la personne du roi, ce qui donne une forme toute particulière à l'institution religieuse, qui reste très proche du monarque qui se considère lui-même comme faisant partie des oulémas, et leur chef. Cette proximité n'est donc pas seulement due au contrôle politique par la monarchie de la sphère religieuse, mais elle se définit aussi par 'ressemblance', une sorte de 'mimétisme de la fonction', qui se nuance cependant à travers un partage de tâches religieuses entre le roi et les oulémas. […] il peut sembler que pouvoir politique et religion se confondent, alors qu'ils se connectent en réalité dans une relation d'intersection. » (Zeghal, 2002 : 63)

[12] Georges Balandier, qui a utilisé la Fête du Sultan des Tolba comme matériel ethnographique, approche cette fête comme une inversion temporaire des rôles politiques, un simulacre de contestation du pouvoir établi (1980 : 118-120). Pour les besoins de sa démonstration, il ne retient de tout ce processus rituel qu'un seul élément, la royauté temporaire du *ṭaleb*. Selon lui le *ṭaleb* représente à la fois la personne du sultan en sa qualité de *ɛalim*, et le corps des oulémas en leur qualité de contre-pouvoir. Cette tradition estudiantine exprimerait donc en grande partie ce potentiel de subversion des oulémas. La brève présentation que fait Balandier de la Fête du Sultan des Tolba a le grand mérite de souligner sa dimension politique et trace en quelque sorte une des voies à suivre, pour une étude anthropologique plus approfondie.

coloniale sur cette tradition estudiantine a d'ailleurs grandement orienté cette recherche dans sa phase documentaire (1999-2000).

En effet, en compulsant les fonds d'archives du Protectorat entreposées au Quai d'Orsay et au Service Historique de l'Armée de Terre[13], mon objectif principal était de vérifier si l'administration coloniale a contribué à son interdiction, par des mesures concrètes. Mais les résultats de cette investigation montrent qu' - au contraire - la Fête du Sultan des Tolba a joui de « l'indigénofolie » de Lyautey (Rivet, 1999 : 37). Notamment de son goût pour les traditions « archaïques » et pittoresques du Maroc, de sa volonté de conserver et consolider la monarchie marocaine dans ses manifestations les plus typiques, ainsi que de sa politique de protection des espaces sacrés du culte musulman[14]. Aussi, dans les rapports politiques où est mentionnée la Fête du Sultan des Tolba, on apprend que la Résidence loin d'interférer dans l'organisation ou le déroulement de ces festivités y contribuait, au contraire, par la présence des autorités coloniales locales et par l'offre cérémonielle de dons aux étudiants et à leurs professeurs.

Toutefois, si la Résidence n'a pas contribué à la cessation de cette tradition par des mesures directes, on ne peut sous-estimer l'importance comme facteurs de changement et de déperdition graduelle les actions de réforme du système d'éducation traditionnel de

---

[13] Les archives consultées au Service Historique de l'Armée de Terre (Château de Vincennes) sont les « Rapports politiques mensuels de la région de Fès », couvrant la période de 1913 à 1939. Quant aux dossiers consultés aux Archives Diplomatiques du Quai d'Orsay, ils appartiennent à la « Série Correspondance politique et commerciale. Sous Série. M. Maroc 1917-1940 ».
[14] Des espaces de culte dont les mosquées de Qarawiyine et Moulay Driss sont des emblèmes majeurs.

Qarawiyine[15], ainsi que les changements sociopolitiques affectant le statut et le pouvoir du corps des Ouléma (Tozy, 1999 : 103-127).

Et de fait, l'enquête par entretien réalisée à Fès en 2004 révèle que la cessation de cette tradition date non pas de la période coloniale mais des années 60, c'est-à-dire des premières années du règne de feu Hassan II.

L'objectif de ce travail de terrain sur la Fête du Sultan des Tolba était en premier lieu d'établir une ethnographie systématique de ce rituel estudiantin afin de combler les lacunes des descriptions existantes, et en second lieu de contribuer à la compréhension des facteurs et circonstances politico-historiques de sa déperdition. Mais cette enquête n'a jamais pu être achevée jusqu'à présent en raison de multiples difficultés matérielles de réalisation d'un séjour de longue durée à Fès, de difficultés d'accès à certaines personnes ressources clés, dont Mohammed El Korri, le dernier Sultan des Tolba (1967), mais aussi de la réorientation de mon regard vers de nouveaux objets de recherche.

Le sixième chapitre[16] a pour objet les fonctions sociales des composantes du nom de personne, dans l'oasis de Figuig.

Dans cette recherche sur le terrain de Figuig, j'ai appréhendé les rapports sociaux hiérarchiques non pas à travers leur symbolique dans des événements extraordinaires, tels que les rites de passage domestiques ou académiques, mais à travers leur actualisation dans les

---

[15] Au sujet de ces réformes initiées au lendemain de l'établissement du Protectorat et de leur impact sur la vie et le statut social des étudiants de Qarawiyine, voir Berque (2001 : 197-209, 418-427) ; Collectif (1959 : 27-53) ; Maghnia (1988 : 43-64) et Vermeren (2007).

[16] Le texte issu de cette recherche sur le système de nomination figuiguien a été publié dans les Actes du colloque « La culture amazighe : réalités et perceptions », organisé par l'Institut Royal de la Culture Amazighe, à Meknès, en décembre 2013 (Azizi, 2016 : 41-62)

interactions sociales quotidiennes de la population du Ksar Zenaga. Cette communauté amazighe a été choisie dans une optique comparative, en raison de l'absence de la symbolique chérifienne dans les rites consacrant le passage de l'homme à l'état de marié, et de l'existence en son sein d'une forte idéologie égalitariste[17].

Dans ce travail, je suis partie du postulat anthropologique qu'aucune forme de société humaine ne peut exister sans une hiérarchie minimale codifiant et structurant les relations sociales, notamment les relations entre les sexes et les classes d'âge (Balandier, 1985). La question était donc de savoir comment est instauré et transmis le principe de primauté et d'autorité des aînés sur les cadets, dans une communauté survalorisant le principe d'égalité des hommes.

Dès mes premiers contacts[18] avec la communauté figuiguienne, le premier particularisme qui a suscité ma curiosité est la grande complexité du système de nomination local. Il se distingue notamment par l'existence d'anciens stocks de patronymes et d'un stock vivace de diminutifs de prénoms, masculins et féminins.

L'usage des diminutifs de prénoms est intensif et quotidien. Ils sont utilisés à l'échelle de la communauté, aussi bien comme appellatifs que comme composants du nom composé des individus de tout âge. Ce qui constitue une différence notoire avec d'autres sociétés où les diminutifs sont le plus souvent utilisés comme des hypocoristiques en direction des enfants et des cadets,

---

[17] La position géopolitique excentrée et enclavée de l'oasis de Figuig au Sud-est du royaume explique en partie l'absence du recours à la symbolique du pouvoir chérifien, ainsi que l'émergence d'un certain nombre de particularismes culturels.

[18] Mon premier séjour dans l'oasis date de l'été 2000, mais les premiers contacts avec la diaspora figuiguienne (étudiants et familles) remontent à la fin des années 90, à Paris et en banlieue parisienne.

dans un cercle familial ou intime (Taine-Cheikh, 1988 ; Plénat et Solares Huerta, 2001).

Or, dans le cas figuiguien, ego fait usage de diminutifs pour référer à ou appeler même les personnes les plus âgées et les plus lointaines. À cet effet, il existe un stock de diminutifs réservés aux séniors (*iməqranən*) bien différenciés de ceux utilisés pour les cadets (*iməzyanən*)[19]. Dans le cours de sa vie, l'individu reçoit dès le plus jeune âge au moins deux diminutifs de son prénom sacrificiel : un diminutif d'*asəmyər*[20] qui lui est attribué par ses cadets, et un diminutif d'*azəmzi*[21] utilisé par ses aînés et ses pairs (cousins et compagnons de jeux de même âge). De plus, dans le cours d'une même journée, l'individu peut être nommé de manière variable, selon qu'il est dans la position d'interlocuteur ou de délocuteur, mais aussi selon l'identité du locuteur et sa relation à ce dernier. Car ces diminutifs remplissent différentes fonctions sociales.

Tout comme les prénoms entiers, les diminutifs remplissent tout d'abord une fonction d'identification et de classification des individus.

Dans les situations d'interactions quotidiennes, les diminutifs assument par ailleurs une fonction de codification des relations aînés/cadets. Le respect des séniors est enseigné à l'enfant dès le plus jeune âge à travers l'institutionnalisation des diminutifs d'*asəmyər* au

---

[19] Littéralement, ce terme signifie les « petits », les « plus jeunes » mais il connote également un statut inférieur, par rapport aux aînés par l'âge et la position dans la maisonnée.

[20] Les diminutifs séniors sont désignés par le terme *asəmyər*, qui signifie littéralement « faire grandir » et désigne toute action verbale ou gestuelle visant à marquer du respect aux personnes considérées comme supérieures par l'âge et/ou le statut (*imyarən*).

[21] Les diminutifs cadets sont désignés par le terme *azəmzzi*, que l'on peut traduire par « rendre plus petit » et qui désigne tout acte verbal ou gestuel tendant à marquer ou signaler la position généalogique et/ou le statut inférieurs du sujet.

cœur même de la fratrie. Ainsi, on apprend à l'enfant à marquer du respect et de la distance pour toute sœur ou frère plus âgé(e) ne serait-ce que d'un an.

Dès le plus jeune âge, l'enfant figuiguien apprend donc, à faire la distinction entre les diminutifs qui expriment et marquent le respect dû à toute personne supérieure par l'âge ou le statut et les diminutifs qui expriment une relation d'égalité et de proximité. Les diminutifs figuiguiens constituent ainsi un système de classification des individus et un puissant outil de transmission et de reproduction des rapports de hiérarchie et de respect qui structurent les relations aînés/cadets, au sein de la fratrie, dans la famille étendue et à l'échelle de la communauté.

Abordés dans une perspective de comparaison, le rituel d'intronisation des étudiants de Qarawiyine comme le système de nomination de Figuig se révèlent donc être deux modèles d'institutions traditionnelles, ayant pour fonction d'instaurer, codifier et perpétuer des rapports sociaux hiérarchisés, dans le premier cas selon le principe de domination politico-religieuse du Sultan chérifien sur le reste des hommes et dans le second cas selon le principe de primauté et d'autorité des aînés sur les cadets.

Références bibliographiques

ASPINION, Robert. 1937. *Contribution à l'étude du droit coutumier berbère marocain. Étude sur les coutumes des tribus zayanes.* Casablanca/Fès : A. Moynier. 358 p.

AUBIN, Eugène. 1904. *Le Maroc d'aujourd'hui.* Paris : Armand Colin. XII-500 p., 3 pl. de cartes dépliées.

AZIZI, Souad. 1998. Cérémonies de mariage en changement dans le Grand Agadir (Sous, Maroc), *thèse de doctorat en anthropologie sociale et ethnologie*, sous la dir. de Camille Lacoste-Dujardin. Paris : École des Hautes Études en Sciences Sociales. 450 p., 29 pl., 58 ill.

- 2001 (a). « La compensation matrimoniale dans le mariage traditionnel chleuh ». *Awal, Cahiers d'études berbères*. N°23, p. 101-114.
- 2001 (b). « *Lqimt* (la dot), système de transmission des biens dans les relations matrimoniales dans le Sous ». *Awal, Cahiers d'études berbères*. N°24, p. 31-42.
- 2002. « Logiques féminines de légitimation du pouvoir monarchique (Maroc) ». *Awal, Cahiers d'études berbères*. N°26, p. 23-48.
- 2005. « Une royauté éphémère : Le sultanat des Tolba de Qaraouiyine (Fès) ». p. 45-52. In : Nadir BOUMAZA (dir.), *Actes des deuxièmes Rencontres d'Anthropologie du Maghreb*. Cahiers de recherche du Centre Jacques Berque, n°3. Rabat : Centre Jacques Berque. 332 p.
- 2016. « Le nom de personne dans l'oasis de Figuig : Un système de codification des relations sociales ». p. 41-62. In : Hammou BELGHAZI (éd.). *La culture amazighe : réalités et perceptions*. Rabat : Publications de l'Institut Royal de la Culture Amazighe. 206 p.
- 2021. « La photographie enfantine au Maroc : construction photographique des identités sexuées et idéologie du mariage ». *Enfances, Familles, Générations. Revue scientifique internationale* [En ligne]. N°37, mise en ligne le 28 Mai. <https://journals.openedition.org/efg/11615>

BALANDIER Georges. 1980. *Le pouvoir sur scènes*. Paris : Éditions Balland. 188 p. (coll. « Le Commerce des Idées »).
- 1985 [1974]. *Anthropo-logiques,* augmenté d'un avant-propos inédit « Les Anthropologiques dans la modernité ». Édition revue et corrigée. Paris : Librairie Générale Française. 319 p. (coll. « Le livre de poche ».

BERQUE, Jacques. 2001 [1949], « Ville et université : Aperçu sur l'histoire de l'École de Fès ». p. 385-427. In : *Opera Minora*. Tome 1. *Anthropologie juridique du Maghreb*. Saint-Denis : Éditions Bouchène.

COLLECTIF. 1959. *Qarawiyin entre son passé et son avenir*. Revue *Faits et idées*. N°5, 53 p.

MAGHNIA, Abdelghani. 1990. « Un projet de réforme à la Qarawiyin en 1330, 1912 : d'après un manuscrit de l'époque ». p. 43-64. In : COLLECTIF. *Culture et mutations sociales*. Actes du Colloque organisé par la Faculté des Lettres et Sciences Humaines de Casablanca, du 16 au 19 Mars 1988. Rabat : Éditions Okad.

MICHAUX-BELLAIRE Édouard-Léon, SALMON Georges. 1905. « Les tribus arabes de la vallée du Lekkoûs ». *Archives Marocaines*. Vol. 4, p. 1-151 ; Vol. 6, p. 218-397.
MOULIÉRAS, Auguste. 1895. *Le Maroc inconnu*. 1ère partie. *Exploration du Rif (Maroc Septentrional)*. Paris : Librairie Coloniale et Africaine. II-204 p.
- 1899. *Le Maroc inconnu*. 2ème partie. *Exploration des Djebala (Maroc Septentrional)*. Paris : Augustin Challamel, éditeur. VIII-813 p.
PLÉNAT, Marc, SOLARES HUERTA Pancho. 2001. « Domi, Seb, Flo et toute la famille » [En ligne]. Exposé lors de la Journée « Hypocoristiques » du GDR de Morphologie. Université de Toulouse 2, 13 juillet. <http://w3.erss.univ-tlse2.fr/membres/plenat/PlenatHuerta05.pdf, janvier 2013>
RIVET, Daniel. 1999. *Le Maroc de Lyautey à Mohammed V : Le double visage du Protectorat*. Paris : Éditions Denoël. 461 p. (coll. « Destins croisés »).
TAINE-CHEIKH, Catherine. 1988. « Les diminutifs dans le dialecte arabe de Mauritanie » [En ligne]. *Al Wasît. Bulletin de l'Institut Mauritanien de la Recherche Scientifique*. N°2, p. 89-118. <https://halshs.archives-ouvertes.fr/halshs-00456271/document>
TOZY, Mohamed. 1999. *Monarchie et Islam politique au Maroc*, 2ème éd. suivie d'une postface. Paris : Presses de la Fondation Nationale des Sciences Politiques. 319 p. (coll. « Références académiques »).
TRENGA, Georges. 1917. « Contribution à l'étude des coutumes berbères ». *Archives Berbères*. Vol. 2, n°3, p. 219-248.
VERMEREN, Pierre. 2007. « Une si difficile réforme La réforme de l'université Qarawiyyin de Fès sous le Protectorat français au Maroc, 1912-1956 ». *Cahiers de la Méditerranée* [En ligne]. N°75, p. 119-132. <https://journals.openedition.org/cdlm/3773>
ZEGHAL, Malika. 2002. « S'éloigner, se rapprocher : la gestion et le contrôle de l'islam dans la république de Bourguiba et la monarchie de Hassan II ». p. 59-79. In : Rémy LEVEAU, Abdallah HAMMOUDI (dir.). *Monarchies arabes. Transitions et dérives dynastiques*. Paris : La Documentation Française. 286 p.

Partie I. Rituels familiaux : dynamique de la symbolique de la royauté et construction photographique des identités

Chapitre 1. Logiques féminines de légitimation du pouvoir monarchique (Maroc)[1]

Bien qu'ils soient basés sur un même système de représentation, les rituels matrimoniaux marocains se caractérisent, dans la « période traditionnelle », par une hyper variabilité des détails, d'une ville à une autre, d'une tribu à une autre, voire d'un village à un autre (Westermarck, 1921). Cette notable variation est la conséquence du cloisonnement des communautés rurales et urbaines. Elle est aussi l'expression de la volonté de différenciation et d'autonomie de groupes qui s'inscrivent dans des alternatives de conflit et d'alliance aussi bien avec les groupes limitrophes qu'avec le **Makhzen**[2].

Aujourd'hui, l'intensification des interactions entre les villes et les campagnes et entre les différentes régions du pays, ainsi que les mouvements de populations dans tous les sens, sont des facteurs de déperdition des particularismes régionaux. Les rituels matrimoniaux accusent une nette tendance à l'uniformisation. En milieu urbain, dans toutes les « classes sociales », les anciennes

---

[1]. Les termes arabes sont transcrits en **gras italique**, et les termes berbères (Tachelhit) en *italique*. Les résultats de cette étude ont été finalisés et présentés en juillet 1998, dans le cadre d'une soutenance de thèse de doctorat (Azizi, 1998). Les évolutions du rituel matrimonial postérieures à cette date ainsi que la geste de Mohamed VI lors de la publication de ses noces ne sont pas prises en compte dans cet article, mais font l'objet d'une nouvelle enquête de terrain en cours de préparation.

[2]. Littéralement « le magasin », l'Etat central marocain. Pour une analyse détaillée des acceptions de la notion de Makhzen, et de l'évolution des modes de fonctionnement de cet appareil d'État, voir Chérifi, 1988 : 13-25 et sq. ; Grange, 1997 : 19-21.

coutumes propres à chaque localité sont remplacées par un modèle évolué à partir de celles de la grande et petite bourgeoisie des villes « citadines » (ḥadariya) et impériales[3]. En milieu rural, une tendance au mimétisme de ces pratiques urbaines se révèle progressivement dans les villages les plus touchés par l'émigration nationale et internationale.

Problématique

Le mimétisme social est le moteur de la diffusion de nombre de pratiques. Mais suffit-il à expliquer l'uniformisation des rituels matrimoniaux et l'adoption, à l'échelle nationale, d'un modèle rituel unique ?

Ma première hypothèse est que ce rituel synthétise des configurations culturelles[4] fondamentales de la société

---

[3]. Marrakech, Rabat, Meknès et Fès sont dites « impériales » du fait que les souverains et leur suite y font chaque année des séjours fixés par le Protocole. Les quatre villes dites « citadines » (ḥadariya), sont Fès – dont les habitants sont pour la plupart originaires de Kairouan ou d'Andalousie – et Rabat, Salé et Tétouan dont nombre de familles sont originaires des villes andalouses. Les autres villes dont la population est en grande partie constituée de migrants des tribus locales sont qualifiées de « bédouines ». À l'heure actuelle, cette catégorisation traditionnelle des villes marocaines n'est plus opérationnelle, car le protectorat français a changé cet ordonnancement hiérarchique des villes anciennes par la création de nouvelles villes « modernes ». À ce sujet, voir l'excellente étude des « métamorphoses de la ville marocaine » par Rivet, 1999 : 227-267.

[4]. Les configurations culturelles sont toutes ses règles et sentiments, existant à un niveau caché, qui structurent et donnent sens au système de valeurs de la famille. Elles déterminent ce qui est bien ou mal en ce qui concerne les relations entre les sexes, les relations époux/épouse, les relations parent/enfant, les idées à propos de la sexualité et de l'activité sexuelle. En ce qui concerne la famille marocaine, les configurations relatives aux rapports entre les sexes, entre les générations et à la sexualité fondent et légitiment la suprématie de

marocaine, et constitue ainsi l'instrument de leur pérennisation dans la société moderne. Ceci expliquerait pourquoi des Marocains de milieux différents et d'appartenance ethnique différente s'y reconnaissent et l'adoptent.

Ma deuxième hypothèse est que la famille royale a joué un rôle essentiel dans la légitimation de cette nouvelle ritualité. N'y a-t-il pas une étroite corrélation entre la publication télévisée du mariage des princesses[5], notamment celui de Lalla Asmaa, et la rapide diffusion du modèle rituel contemporain ?

Dans la « société traditionnelle » du *bled el Makhzen*[6], il y a une interaction constante entre la culture de cour et la culture populaire : la première se nourrit de la seconde tout en la façonnant. La figure du sultan chérifien joue un rôle important dans la canonisation des rites domestiques des cités impériales et des communautés tribales acceptant l'autorité politique du souverain. Le marié y est soumis à un ensemble de rituels le propulsant au rang de sultan (*mulay seltan*)[7]. L'identification du marié au sultan est une

---

l'homme sur la femme et des aînés sur les cadets et prescrivent la virginité féminine au moment du mariage.

[5]. Les trois filles du roi Hassan II, Lalla Meriem l'aînée et ses cadettes Lalla Asmaa et Lalla Hasnaa, se sont mariées respectivement en 1984, 1987 et 1994.

[6]. Le « pays du Makhzen », c'est-à-dire les territoires contrôlés par le pouvoir central (le Makhzen), en opposition au *bled siba* (le « pays hors la loi »), les territoires des tribus dissidentes qui refusaient de payer l'impôt et/ou ne reconnaissaient pas l'autorité politique du sultan.

[7]. Pour des descriptions détaillées des rituels d'intronisation du marié dans les tribus berbérophones et arabophones au nord du Sous, voir Kaci, 1921 : 340-341 ; Laoust, 1915 : 61-65, 71 ; Le Cœur, 1933 : 140-141, 144-145 ; Querleux, 1915 : 15-16 ; Salmon, 1904 : 279-280 ; Westermarck, 1921 : 87-103, 105, 240-241, 246-250. Pour des analyses anthropologiques de ces rituels voir Combs-Schilling, 1989 : 188-220 ; et Jamous, 1981 : 271-275.

sorte d'initiation à l'exercice de l'autorité et du pouvoir. L'inscription dans un rapport ritualisé avec les symboles de la royauté constitue le principal mécanisme grâce auquel les jeunes gens intériorisent les représentations collectives de l'autorité et du pouvoir. Le recours rituel au principe monarchique fonde, en la légitimant, la dissymétrie des rapports sociaux : un parallèle est tracé entre les rapports sultan/sujets, homme/femme, marié/célibataire et aîné/cadet. Les rituels d'intronisation du marié reflètent et sanctionnent la position essentielle de la monarchie dans la vie sociale. C'est le principe structurel fondamental de l'organisation du pouvoir à tous les niveaux. Ces rituels sanctionnent également l'enracinement de cette structure de pouvoir dans la division sexuelle et son infusion dans l'identité sexuelle (Jamous, 1981 : 265-284 ; Combs-Schilling, 1989 : 128-220 ; 1996 : 71-72). Pour cela, nous pouvons affirmer que le régime monarchique constitue une configuration culturelle fondamentale de la société marocaine.

Comme l'a souligné Combs-Schilling, le Maroc est « un endroit idéal pour étudier les moyens par lesquels un pouvoir politique imprime et régénère dans la conscience et la mémoire populaires une hiérarchie sociale qui devient par là même acceptée » (Combs-Schilling, 1996 : 74). L'auteur a observé, dans les années 80, des cérémonies de mariage dans plusieurs régions du Maroc, en milieu urbain comme en milieu rural. Elle témoigne du fait que « le rite de premier mariage au Maroc est un événement en pleine transformation » (Combs-Schilling, 1996 : 75). Mais, dans cette récente publication sur la légitimation rituelle du pouvoir monarchique, Combs-Schilling ne prend pas du tout en compte les transformations touchant les rituels d'intronisation du marié. Car, pour conclure que le rituel matrimonial « reste l'incarnation de l'imagination politico-sexuelle du pouvoir », elle se base essentiellement sur le rite de défloration publique et sur « le rite [d'intronisation] comme il fut pratiqué jusqu'à récemment, et comme il est toujours pratiqué dans les campagnes aujourd'hui » (Combs-Schilling, 1996 : 75)[8].

Or, si ces rites masculins traditionnels se maintiennent dans des communautés villageoises encore à l'écart du processus général de transformation, ils sont en déperdition dans la société urbaine moderne. Les facteurs favorisant leur déperdition sont : la sophistication des insignes de la royauté, la modernisation de l'appareil d'État et de ses modes d'expression, ainsi que la plus grande visibilité du roi[9].

Le thème de la royauté reste-t-il un élément essentiel du rituel matrimonial contemporain malgré la déperdition de ces anciens rites ? Mon objectif, ici, est de vérifier si les rites de mariage ont évolué de manière à sécréter de nouvelles expressions du principe monarchique.

Terrain de l'enquête

L'enquête de terrain s'est déroulée principalement dans l'aire urbaine du Grand Agadir. D'un point de vue

---

[8]. Les descriptions des rituels d'intronisation du marié de Combs-Schilling (1989 : 192-205 ; 1996 : 76-77) sont similaires à celles des ethnographes du début du siècle, ou, plus près de nous, à celles de Jamous (1981 : 265-284).

[9]. Dans le Maroc précolonial, la plupart des sujets marocains avaient très peu de chance de voir le souverain, malgré les nombreux déplacements de ce dernier à travers le pays. La figure du sultan relevait plus de l'imaginaire que du vécu. Aujourd'hui, grâce aux médias audiovisuels et à l'iconographie, la figure du roi est connue même dans les campagnes les plus reculées. En rendant le roi plus « palpable », l'iconographie rend désuètes toutes les légendes populaires qui se tissaient autour de la personne physique du détenteur du trône. Par ailleurs, la personnalité complexe d'Hassan II a rendu fort difficile l'imitation de la geste royale.

géographique, Agadir a accompli depuis les années de sa reconstruction[10] de formidables bonds qui l'ont fait passer du statut de petite ville portuaire et touristique au statut de métropole régionale. Dans son développement accéléré, elle a entraîné dans son sillage tous les bourgs de sa périphérie[11]. Les bourgs méridionaux, initialement et en majorité composés de ressortissants de la tribu berbère Aksimen, constituent, aujourd'hui, les plus importants centres urbains du Grand Agadir. Cette urbanisation tardive, mais rapide, permet d'observer dans le vif des changements qui sont intervenus beaucoup plus tôt dans les villes littorales au nord du Sous. Le brassage de populations aux origines diverses semble favoriser la déperdition des particularismes régionaux, et l'évolution vers une certaine homogénéisation des pratiques urbaines.

L'observation de la diffusion des pratiques septentrionales dans le Grand Agadir est également intéressante d'un point de vue géopolitique. La population d'Agadir, capitale du Sous[12], est en grande partie composée de ressortissants des tribus de cette région. Or ces tribus ont un lourd passé de fronde (Montagne, 1930 : 55-116). Leurs territoires ont souvent fait partie du *bled*

---

[10]. Le 29 Février 1960, la ville d'Agadir a été quasiment rasée par une secousse sismique (Brown, Lakhsassi, 1987 : 43-63 ; Collectif, 1962 : 9-19).

[11]. Dans son sens restreint, le terme « Grand Agadir » désigne les huit agglomérations de l'aire urbaine d'Agadir : Agadir municipalité qui inclut le port et la cité industrielle d'Anza, Aït Melloul, Bensergao, Dcheïra, Inezgane, Jorf, Tarrast et Tikiouine. L'ensemble recouvre une superficie d'environ vingt kilomètres carrés. Dans un sens plus large, ce toponyme tend à englober les agglomérations situées au sud-est d'Agadir, sur la route principale (R.P.) 32, entre Aït Melloul et Oulad Teïma, ainsi que celles situées au nord-ouest d'Agadir, sur la R.P. 8, entre Anza et Tmanar.

[12]. Le terme Sous désigne, ici, toute cette région de plaine et de montagne (Anti-Atlas et versant sud du Haut-Atlas Occidental), où le parler berbère chleuh, Tachelhit, est en usage.

siba, le « pays hors-la-loi ». Dans les cérémonies traditionnelles, cette tendance à la dissidence se traduit par l'absence de rituels d'intronisation du marié. Les mariés du Sous étaient plutôt identifiés à Moulay Ali, gendre du Prophète et quatrième calife. En effet, la rencontre des deux familles est ici conçue sur le modèle de l'alliance d'Ali et du Prophète[13]. Si elle exprime le respect de la Tradition prophétique en matière de mariage, l'identification du marié chleuh à Moulay Ali ne signifie pas pour autant l'érection du quatrième calife comme modèle de souverain, légitimé par sa seule relation de parenté au Prophète. Par le refus d'identification au souverain chérifien qu'elle implique, l'allusion à Moulay Ali semble en effet renvoyer à une autre idéologie de la légitimité du pouvoir, proche dans sa vision égalitariste de la doctrine Kharidjite.

Il est donc intéressant de voir comment les pratiques septentrionales porteuses d'une légitimation rituelle du pouvoir makhzénien sont intégrées, aujourd'hui, par une population dont les ancêtres ont été jaloux de leur autonomie politique et de leur différence par rapport aux « classes dominantes » des villes impériales.

Méthodologie

Pour mener cette enquête, j'ai eu recours à trois outils de recherche : l'observation participante, l'entretien et le questionnaire. En plus de ces outils, j'ai également utilisé des enregistrements vidéo de cérémonies de mariage

---

[13]. L'imitation de la geste prophétique se révèle dans un chant ritualisant la réunion des deux familles pour la rédaction du contrat de mariage : « La rencontre avec vous, la rencontre/ (Est telle que) la rencontre de Moulay Ali et du Prophète ».

contemporaines, dont les noces de la princesse Lalla Asmaa.

Durant la saison estivale des années 1991 à 1994, j'ai observé une vingtaine de cérémonies, en tant qu'invitée ou en tant qu'« assistante » de « maîtresses de cérémonie » (*neggafat*)[14]. L'objet de ce second mode de participation étant d'observer les techniques d'habillage de ces officiantes et leurs rapports avec la clientèle.

Menée sur une période de quatre années (1992-95), l'enquête par entretien (semi-directif) a permis de recueillir 56 entretiens, dont 20 collectifs (2 à 4 personnes). L'entretien répond à trois objectifs : 1) le recueil des rites traditionnels de l'aire d'Agadir et d'autres localités du Sous[15] ; 2) le recueil de descriptions de noces célébrées récemment ; et 3) l'observation des représentations des pratiques cérémonielles contemporaines. Les volontaires à l'entretien ont été

---

[14]. *neggafat* (sing. *neggafa*) : Les officiantes « traditionnelles » des rites de mariage du Nord. Contre rémunération, ces femmes parent la mariée de toilettes et de bijoux qui sont souvent leur propriété. Elles lui procurent les accessoires servant à son portage, et peuvent également la porter sur leur propre dos. Elles sont chargées du port du trousseau mobilier au domicile conjugal et de la décoration de la chambre nuptiale et de l'espace d'exposition de la mariée. Traditionnellement, ces officiantes jouent le rôle d'intermédiaires entre les mères des mariés et sont chargées des invitations. Chanteuses et musiciennes, l'animation musicale des cérémonies leur incombait également. Aussi, je traduis *neggafat* par « maîtresses de cérémonie », qui - plus qu'habilleuses - rend compte de la diversité de leurs services. Pour des descriptions des fonctions traditionnelles des « maîtresses de cérémonie », voir Aubin, 1904 : 324 ; Laoust, 1915 : 43 ; de Lens, 1917-1918 : 31-55 et Salmon, 1904 : 282, 283, 284-285.

[15]. Afin d'apprécier à sa juste valeur le changement que constitue l'adoption du modèle septentrional, un premier volet de l'enquête a été consacré à la reconstitution des rituels matrimoniaux « traditionnels » de la région du Sous. Pour une description analytique détaillée de ces anciens rituels, voir Azizi, 1998 : 70-226.

recrutés sans aucune limite d'âge, de sexe ou de catégorie socioprofessionnelle.

L'enquête par questionnaire s'est déroulée durant l'année scolaire 1993/1994. Elle avait deux objets : le recueil d'autres descriptions de noces contemporaines, et l'observation des représentations des pratiques septentrionales chez une population jeune et instruite : des lycéens, des étudiants et des enseignants du second cycle. Physiologiquement et juridiquement aptes au mariage, les lycéens comme les étudiants constituent les clients potentiels des « maîtresses de cérémonie ». Ils sont nés et/ou ont grandi dans un cadre urbain dont ils n'ont pas connu l'état des rites traditionnels, avant l'enclenchement du processus de changement. Ils arrivent donc à maturité dans un milieu dont le modèle cérémoniel prédominant est devenu celui des villes septentrionales. Ne connaissant pas d'alternative, ils doivent être, plus que les vieilles générations, perméables aux messages véhiculés par ces pratiques. Le recrutement des enseignants a été fortuit. Ces derniers ont proposé, de leur propre chef, de participer à l'enquête menée auprès de leurs élèves. Leur nombre (12/108) étant peu important, leur participation ne peut être utilisée qu'à titre indicatif[16].

Le « rituel des sept toilettes »

Selon la nature des choix cérémoniels des familles des mariés, on peut distinguer trois catégories de noce. La première est le cérémonial contemporain que les actants qualifient de « moderne » (*lɛasri*). Toutes les pratiques urbaines qui ont la faveur de la jeunesse citadine y sont

---

[16]. Près de 200 personnes ont été sollicitées. Seulement 108 ont effectivement participé à l'enquête, soit un taux de participation de 54 %.

accomplies : la conduite processionnelle de la mariée au hammam, sa mise en beauté dans un salon de coiffure, la teinture au henné de ses pieds et de ses mains selon la technique des villes du Nord, son habillage par des « maîtresses de cérémonie », l'animation de la cérémonie par un orchestre masculin, et la prise d'images par un cameraman. Ces professionnels de la parure, de l'animation musicale et de la vidéo, sont les principaux officiants du rituel contemporain. Leur participation à tous est considérée comme un ingrédient nécessaire pour la réussite de la noce.

La seconde catégorie de noces est qualifiée par les actants de « semi-traditionnelle et semi-moderne » (*nes teqlidi nes ɛasri*). Ces cérémonies ne sont pas animées par (tous) les officiants contemporains. Et, les « aînées » (*timezwura*)[17] jouent encore un rôle prépondérant dans leur ordonnancement. Certaines concessions sont faites à la modernité, mais les pratiques septentrionales adoptées coexistent avec des rites traditionnels locaux.

Enfin, la troisième catégorie de noces est l'ancien cérémoniel local que les actants qualifient de « traditionnel » (*teqlidi*) ou de « paysan » (*baladi*). Ce modèle est encore d'actualité dans les localités rurales qui ne se sont pas ouvertes aux pratiques citadines. En zone urbaine, les tentatives de perpétuation de ce modèle résultent, chez certaines familles chleuhes (Aksimen et néocitadines), d'un rejet total des pratiques septentrionales. Car l'intégration du modèle cérémoniel contemporain ne se fait pas d'une manière uniforme, dans tous les milieux. Le changement est à double vitesse.

---

[17]. *timezwura* (sing. *tamzwarut*) : Les « aînées », principales officiantes des rites traditionnels chleuhs, doivent être mères de garçons, monogames, épouses d'hommes monogames, et heureuses en mariage. Elles sont choisies de préférence dans la proche parenté des mariés.

Selon leur parcours et selon leur origine, les familles ont des perceptions différentes des coutumes septentrionales. Leur position vis-à-vis de ces critères de modernité détermine leur ouverture ou leur résistance au rituel contemporain.

Le temps fort et le rituel principal du cérémoniel contemporain est « le rituel des sept toilettes » (*ləbas*)[18] au cours duquel les « maîtresses de cérémonie » revêtent la mariée successivement de plusieurs costumes régionaux et internationaux. Le marié participe à ce rituel et trône aux côtés de la mariée lors de son exposition dans ces différents costumes. Il l'accompagne dans tous ses déplacements entre le vestiaire et l'espace rituel et change également de costume à plusieurs reprises.

La mariée porte en premier une toilette appelée la « toilette du Nord » (*lebsa camaliya*). Ainsi vêtue, elle fait sa première entrée dans l'espace rituel portée sur un « palanquin » (*lɛemariya*)[19], et précédée par le marié en costume occidental. La seconde toilette, de couleur blanche, est dite la « toilette de la princesse » (*lebsa d l'amira*). La troisième de couleur verte ou bleue est nommée la « toilette marrakchie » (*lebsa lmerakciya*). La quatrième est dite la « toilette tunisienne » (*lebsa tunsiya*). La cinquième est appelée la « toilette fassie » (*lebsa lfasiya*) ou la « grande toilette » (*lebsa lekbira*). Lors du port de cette dernière toilette, la mariée fait son entrée dans l'espace cérémoniel portée sur une « table »

---

[18]. *ləbas* : Littéralement « le vêtement ». Pour des descriptions de « rituels des sept toilettes » observés, voir Azizi, 1998 : 285-293 ; 312-323.

[19]. *lɛemariya* : le « palanquin ». Traditionnellement, cet accessoire servait à porter la mariée du domicile paternel au domicile conjugal, dans les provinces au nord de Fès, notamment à Tanger, Ksar El Kébir et chez les Andjra. Dans les autres grandes villes du Nord, l'accessoire de la noce était une sorte de « chaise à porteurs », nommée *lbuža* à Tétouan, et *lquba* à Fès, Rabat et Salé.

(*lmida*)[20]. Tandis que le marié qui a troqué son costume occidental contre une djellaba blanche et une calotte rouge est porté sur le « palanquin » qui a été débarrassé de son toit. La plupart des assistants dansent autour d'eux. Le portage des deux mariés est un moment d'euphorie générale. La sixième toilette qui est une copie du costume indien est dite la « toilette indienne » (*lebsa lhindiya*). Le marié est de nouveau en costume occidental. Enfin, la septième toilette qui imite le costume traditionnel des femmes du Sous est appelée la « toilette chleuhe » (*lebsa celha*). Le marié est de nouveau vêtu d'une djellaba blanche. Sa tête est ceinte dans un turban en soie jaune et il porte un poignard chleuh en bandoulière. Ainsi habillés, les mariés <u>doivent</u> danser sur un rythme chleuh, au milieu du cercle formé par les assistants. Au moment du départ pour le domicile conjugal, la mariée est revêtue d'une robe blanche occidentale, « la robe » (*layob*), tandis que le marié porte un costume occidental.

Une prise de décision en majorité féminine

Le choix de l'ordonnancement des cérémonies est un moment de fortes tensions dans les deux familles. L'engagement des officiants contemporains est souvent un motif de conflits entre les générations et surtout entre les sexes. Dans la majorité des cas observés, le « rituel des sept toilettes » a lieu chez la mariée. Et, les agents de ce

---

[20]. *lmida* : Littéralement « la table ». À l'origine dans les milieux bourgeois des villes impériales, l'accessoire du portage de la mariée dans l'espace domestique est une grande table ronde à rebords (*lmida*) sur laquelle sont portés les repas de charité à la mosquée. Dans les familles aisées, cet accessoire usuel a été très tôt remplacé par l'accessoire fourni par les « maîtresses de cérémonie » : un plateau en bois, rond, à rebords, capitonné de velours et fixé sur deux longues poutres.

choix cérémoniel sont, dans plus de la moitié des cas, la mariée et/ou des membres de sa famille. Les officiants contemporains sont donc le plus souvent introduits au domicile des parents de la jeune fille. Les précisions données par les enquêtés sur l'identité des agents décisionnels révèlent que, dans les deux familles, ce choix cérémoniel est fréquemment l'œuvre des parentes des mariés et/ou des sujets eux-mêmes. Les pères apparaissent rarement comme des agents décisionnels. La plupart sont plutôt des opposants auxquels il faut arracher un consentement résigné. Il arrive même que les « maîtresses de cérémonie » soient introduites chez eux à leur insu[21]. Si les pères des jeunes filles sont rarement les initiateurs de l'engagement des officiants contemporains, ils sont pourtant fréquemment les débiteurs de leurs émoluments, par le fait que le « rituel des sept toilettes » a le plus

---

[21] Par les préjugés dont elles sont les victimes, les « maîtresses de cérémonie » constituent parfois à elles seules le principal motif du rejet du rituel contemporain. Ainsi, la réponse immédiate, et récurrente, des aînés chleuhs interrogés sur les pratiques septentrionales est la suivante : « *Quoi ? La neggafa c'est le déshonneur (cmutit)* ! ». Les « maîtresses de cérémonie » ont un statut négatif dans la région du Sous. Car la majorité des aînés chleuhs perçoit comme déshonorant tout travail féminin pour un tiers, hors du domicile paternel et conjugal, surtout lorsqu'il s'agit d'une activité qui amène la fille ou la femme à rentrer chez elle tard dans la nuit, voire à découcher. Les jeunes chleuhs ont quant à eux une attitude mitigée vis-à-vis des « maîtresses de cérémonie ». Ainsi, si la majorité (56,7%) des questionnés pense que leur métier est honorable, et équivalent à tout autre métier permettant à la femme de gagner honnêtement sa vie, certains d'entre eux précisent que cette activité ne peut en aucun cas être entachée par les mauvaises mœurs de quelques pratiquantes. Ce qui prouve que, quelque part, ils pensent également que le métier des « maîtresses de cérémonie » offre des possibilités de déviance. Parmi les jeunes questionnés (19%) qui jugent catégoriquement ce métier comme non honorable, nombreux sont ceux qui prétendent même que la plupart des « maîtresses de cérémonie » sont des ex-prostituées.

souvent lieu sous leur toit. Ainsi, la famille de la mariée est débitrice des frais de ce rituel dans la plupart des cas observés.

Pourquoi le « rituel des sept toilettes » exerce-t-il tant d'attrait sur les jeunes femmes ? De toute la panoplie des accessoires rituels, pourquoi est-ce le vêtement dont l'usage prend une ampleur telle qu'il devient un motif de conflit entre les sexes et entre les générations ?

Tel qu'il est manipulé dans le rituel contemporain, le vêtement est perçu par les jeunes femmes chleuhes comme un instrument de libération de traditions sclérosées qui ne rendent plus compte de leur position actuelle dans la société. Dans les rituels « traditionnels » du Sous, le costume du « baluchon » nuptial (*ukris*)[22] visualise l'autorité masculine sur le corps féminin, et toute la ritualisation du passage de la femme à l'état matrimonial traduit sa position subalterne. Aujourd'hui, en milieu urbain comme en milieu rural, de plus en plus de jeunes mariées chleuhes refusent de porter les effets du « baluchon » envoyé par la famille du marié. J'ai assisté à des noces qui ont été perturbées par le refus catégorique de la jeune fille de quitter le domicile paternel autrement que vêtue d'une robe occidentale, ou du moins voilée de tulle blanche. Et, les officiants enquêtés m'ont rapporté plusieurs cas similaires. Ces jeunes mariées se rebellent à une phase du rituel où traditionnellement elles sont censées être totalement soumises aux représentantes de l'ordre patrilignager, à savoir les « aînées » (*timezwura*). Plus que la nature de leurs exigences, c'est le fait même

---

[22]. Le costume nuptial de la mariée chleuhe est composé d'un haïk blanc, de babouches rouges, d'une piécette d'argent placée sous son pied droit, d'un fichu en soie rouge qui lui voile le visage, et d'un turban blanc qui maintient un pied de basilic sur sa tête. La mère du marié lui envoie ces effets noués en baluchon, d'où leur nom (*ukris*). Pour les fonctions magico-symboliques de ces accessoires du rite de passage chleuh, voir Azizi, 1998 : 174-181, 192-195.

que les mariées osent émettre des exigences qui est ressenti par les vieilles générations comme un bouleversement profond des traditions locales. Dans leur refus des coutumes vestimentaires traditionnelles, les jeunes mariées trouvent l'appui des tentatrices, les « maîtresses de cérémonie » qui étalent la robe blanche convoitée dès qu'approche l'heure de la noce. Mais elles ne gagnent gain de cause que si elles ont un appui solide dans leur propre famille. En rejetant les coutumes vestimentaires de leurs aînées, c'est du même coup la position d'assujetties de leurs mères que les jeunes femmes chleuhes aspirent confusément à dépasser. Par son origine (l'Occident), la robe blanche est un symbole de l'émancipation féminine. De plus, les mariées qui refusent de porter les effets du « baluchon » refusent également d'être confinées dans l'angle droit. Cette position traditionnelle de la mariée chleuhe est devenue pour les jeunes générations un symbole de claustration. Tandis que la position centrale de la mariée des villes du Nord, ses va-et-vient répétés du vestiaire à l'espace cérémoniel, et le dévoilement de son visage, sont perçus comme le symbole de la liberté de circulation des citadines instruites et/ou actives.

Une autre exigence des jeunes femmes est la participation du marié à leurs changements de toilette. La première raison invoquée par les interviewées est « la nécessité » de se faire photographier et filmer côte à côte pour garder des souvenirs des noces. La deuxième est « la nécessité » de présenter le marié à tous les invités qui ne le connaissent pas. Enfin, la raison principale invoquée par la majorité d'entre elles est que la participation du marié est une preuve d'amour de la part de ce dernier, et une reconnaissance du couple par les aînés. Si tant est qu'on puisse parler d'amour et de relation de couple lorsqu'il s'agit de jeunes gens dont l'union a été arrangée, et dont les rencontres prénuptiales ont été hautement surveillées. De plus, la participation du marié au « rituel des sept toilettes » est bien plus difficile à obtenir qu'une pièce de tulle blanche. Car la mixité cérémonielle reste fort problématique dans une société marquée par une forte tradition de ségrégation. Ce qui va de soi aujourd'hui dans les villes du Nord est encore ici souvent acquis à l'arraché.

La déségrégation des sexes : une réalité ou un leurre ?

Les résultats de l'enquête par questionnaire montrent que le recours aux orchestres masculins est de plus en plus courant, et que des hommes sont de plus en plus admis à assister au « rituel des sept toilettes ». Si l'on considère que la seule présence des musiciens est suffisante pour déterminer la mixité de l'espace cérémoniel, on se rend compte que le nombre de cérémonies mixtes est bien plus important que celui défini par les questionnés. En effet, un orchestre masculin a animé la moitié des cérémonies dont l'assistance est définie comme féminine et la plupart de celles dont le sexe de l'assistance n'a pas été précisé. Des hommes adultes ont donc assisté au rituel vestimentaire dans la majorité des cérémonies décrites par les questionnés. De même, pour définir la mixité des cérémonies observées par participation et par entretien, j'ai pris comme critère la présence des musiciens, des cameramen, du marié et de parents masculins des conjoints. Selon ce critère, toutes ces cérémonies peuvent être considérées comme mixtes.

À l'échelle de l'échantillon global des cérémonies animées par des « maîtresses de cérémonie », des hommes adultes parents et/ou étrangers ont été introduits dans l'espace d'exposition de la mariée dans la majorité des cas. Mais la réunion des deux sexes a-t-elle réellement constitué une violation de la tradition de ségrégation ? Y a-t-il vraiment eu des échanges entre les hommes et les femmes que ne lie aucun lien de parenté ?

Si l'on prend en considération la distribution temporelle et spatiale des invitations, on constate que dans la majorité des cas les cérémonies officielles des deux sexes sont distinctes. Chez la mariée, les hommes sont conviés à dîner le vendredi soir ; et ils assistent à la rédaction du contrat de mariage. Les femmes y sont conviées à déjeuner ou à dîner le samedi. Elles assistent à l'exposition de la mariée dans sept toilettes ; et la plupart d'entre elles peuvent même participer à la noce, si la cérémonie est nocturne. Chez le marié, les hommes sont conviés à dîner le samedi soir. Et, les femmes y sont conviées à déjeuner le dimanche, pour la célébration du lendemain des noces[23]. Dans ce type de cérémonies, les hommes adultes qui assistent au « rituel des sept toilettes » n'y sont donc pas officiellement conviés. Le plus souvent, il s'agit de parents et d'alliés qui s'arrogent le droit de pénétrer dans l'espace cérémoniel féminin, parce que des hommes étrangers (musiciens, cameramen et serveurs) s'y trouvent. Ils ne se mêlent pas aux invitées. Dans toutes les cérémonies que j'ai observées, ils se tiennent sur les sofas les plus proches des musiciens, comme s'ils s'investissaient officieusement d'une fonction de contrôle sur les agissements de ces derniers, et sur la conduite de leurs parentes et épouses.

Les cas où les hommes et les femmes sont effectivement conviés à assister communément à la cérémonie d'exposition du couple restent donc minoritaires. Le plus souvent, il s'agit d'une célébration unique réunissant les deux familles de conjoints dont l'acte de mariage a été rédigé plusieurs mois, voire plus d'un an avant les noces. L'invitation des deux sexes à une

---

[23]. Le « rituel des sept toilettes » peut être répété ou accompli pour la première fois lors de cette cérémonie.

cérémonie commune répond souvent à un souci d'économie.

Dans les cérémonies de ce type, les invités restent regroupés d'un côté de l'espace rituel, tandis que les femmes se regroupent de l'autre côté. Ce sont surtout les jeunes filles qui dansent devant les sièges des mariés. Quant aux adolescents masculins, ils s'accaparent le plus souvent l'espace le plus proche de l'estrade des musiciens. Par contre, la plupart des hommes et des femmes adultes ne s'approchent guère de la piste de danse. Les seuls moments où les deux sexes se mêlent sans complexes sont ces moments d'euphorie et d'excitation générale où les mariés sont portés simultanément, et où ils dansent en costume chleuh.

La principale raison du rejet des pratiques septentrionales dans les familles chleuhes les plus conservatrices est la déségrégation des sexes et le désordre qui peut en résulter. Or, les cas observés montrent que, même lorsque les deux sexes sont invités simultanément et partagent le même espace cérémoniel, le code de ségrégation reste respecté. Car ce sont les actants eux-mêmes qui recréent inconsciemment des territoires masculins et féminins. En dépit de la déségrégation des sexes dans la plupart des espaces publics, les esprits restent marqués par des attitudes ségrégationnistes. L'idée que « seule la sexualité peut réunir des personnes de sexes différents » persiste même chez les jeunes habitués à la mixité depuis le plus jeune âge (Bennani-Chraïbi, 1994 : 97 ; Dialmy, 1995 : 267-268 et sq.).

Impact de la geste royale

Lors de mes investigations sur l'identité des agents décisionnels, je n'ai guère été étonnée de découvrir que les jeunes filles sont les promotrices du « rituel des sept toilettes ». Mais deux phrases récurrentes dans le discours des mariées et de leurs proches m'intriguaient au plus haut point. Les jeunes filles qui se butent à l'opposition de leurs parents, ou du marié et sa famille, ont toutes à la bouche les mêmes phrases : « Le roi lui-même ne l'a-t-il pas fait ? » « Les filles de Hassan II ne se sont-elles pas mariées ainsi ? » Ces deux phrases reviennent également chez les parents qui ont dû faire face aux reproches de leurs aînés.

À l'heure où j'ai commencé cette enquête, deux des trois filles du roi Hassan II étaient effectivement déjà mariées. L'aînée, Lalla Meriem, avait été mariée en octobre 1984 à Fouad Filali, fils d'Abdellatif Filali, ancien Premier ministre et ministre des Affaires étrangères. Sa cadette, Lalla Asmaa, avait été mariée en juin 1987 à Khalid Bouchentouf, fils de Hussein Bouchentouf, un richissime homme d'affaires casablancais qui a joué un rôle important dans la Résistance.

La geste royale aurait-elle contribué à faire du cérémonial des villes impériales un modèle dominant et la référence pour toutes les autres villes du Maroc ? Si c'est le cas, qui sont les agents de la diffusion de ce rituel à l'échelle nationale ?

Ayant à l'époque accordé très peu d'attention à la publication du mariage des princesses, je n'en avais d'autre souvenir que celui des photographies qui ont été diffusées sur le marché[24]. Je me suis donc mise en quête d'information sur les noces royales afin de comprendre pourquoi les actants les prennent comme exemple pour réclamer ou justifier l'engagement de « maîtresses de

---

[24]. Dans nombre de commerces, notamment dans les boutiques d'habillement et les salons de coiffure, les photographies cérémonielles de Lalla Meriem et de Lalla Asmaa en compagnie de leur père ont détrôné les traditionnels portraits du roi Hassan II.

cérémonie » et la déségrégation des sexes dans l'espace d'exposition de la mariée.

Des noces de Lalla Meriem, la majorité des enquêtés n'ont conservé d'autre souvenir que celui des photographies officielles la représentant seule ou entourée de son père et de ses germains, revêtue d'une toilette blanche ou portée sur la « table » en « toilette fassie » (Moha, 1984 : 32-33). L'événement a bien sûr reçu une large publication dans la presse écrite nationale et internationale. Et, comme le veut la tradition monarchique, les noces de 250 couples ont été célébrées en même temps que celles de Lalla Meriem et Fouad Filali. Mais la Radio Télévision Marocaine (R.T.M.) a diffusé très peu d'images des cérémonies qui ont eu lieu à l'abri des hautes murailles du Palais de Fès.

Par contre, les noces de Lalla Asmaa ont reçu une large publication audiovisuelle. La R.T.M. a filmé et diffusé l'essentiel des cérémonies qui ont été accomplies dans la cour intérieure du Palais de Marrakech. Par ailleurs, Hassan II a autorisé l'entrée dans l'enceinte du Palais d'une centaine de journalistes des deux sexes, nationaux et internationaux, représentant la presse écrite et audiovisuelle. Les Marocains ont donc pu assister aux noces de Lalla Asmaa et de 257 filles du peuple par le truchement de leur petit écran. Et, quand on sait la place de choix qu'occupe la télévision dans les foyers marocains, du plus luxueux au plus misérable, on peut affirmer que la majorité des Marocains de tous les milieux, et de toutes les classes sociales, n'a pas échappé au matraquage médiatique qui a accompagné la diffusion des cérémonies royales.

Au cours de cette enquête, j'ai eu la chance de rencontrer, en 1993, une personne en possession d'un enregistrement vidéo des principales séquences que la

R.T.M. a diffusées[25]. L'observation de cet enregistrement m'a permis de voir que les cérémonies royales présentent beaucoup de similarités avec le rituel contemporain et qu'elles ne diffèrent des noces des filles de la haute bourgeoisie que par le faste des lieux et le nombre des invités prestigieux. Toutefois, les noces de Lalla Asmaa furent « révolutionnaires » et résolument « modernes ». Car Hassan II y a autorisé trois actes qui constituent une rupture avec la tradition plus importante que ne le fût le dévoilement de ses sœurs par leur défunt père, Mohammed V. Ces actes sont : premièrement, la réception des invités masculins et féminins en un même espace et en présence de toute la famille royale ; deuxièmement, l'accomplissement devant les invités masculins de cérémonies qui sont traditionnellement exclusivement féminines ; enfin, troisièmement et non des moindres, le dévoilement de sa propre mère (Lalla Abla) et de la mère de ses enfants (Lalla Latifa) en présence d'une centaine de journalistes nationaux et internationaux. La divulgation de l'identité de ces personnages interdits d'images dans un magazine international (Soudan, 1987 : 38-39) a eu l'effet d'une véritable bombe dans l'opinion publique marocaine. En dévoilant sa mère et son épouse devant ses invités et devant les caméras, Hassan II a conforté et en quelque sorte légitimé une tendance à la mixité cérémonielle déjà à l'œuvre dans les milieux aisés et instruits des principales villes marocaines, et notamment à Casablanca, la ville natale de Khalid Bouchentouf (l'époux de Lalla Asmaa). Par-delà les stratégies occultes qui sous-tendent les alliances matrimoniales de la famille royale, le choix des époux des princesses est une preuve manifeste du souci de Hassan II de s'allier à des familles inscrites dans la

---

[25]. Pour une description détaillée des noces de la princesse Lalla Asmaa, voir Azizi, 1998 : 327-342.

modernité et œuvrant pour une plus grande modernisation du pays (Soudan, 1994 : 4).

Les « maîtresses de cérémonie » ont tiré beaucoup de bénéfices de la publicité qui leur a été faite dès les noces de Lalla Meriem. Parmi les rares images de ces premières noces royales se trouve une photographie représentant les « maîtresses de cérémonie » de Fès défilant sur le Méchouar du Palais, à la tête des délégations des couples participants[26]. Derrière elles marchent des hommes portant des poupées revêtues de la grande « toilette fassie » et représentant les 250 mariées du peuple. Ce sont également les « maîtresses de cérémonie » que l'on voit précédant Lalla Meriem lors de son portage sur la « table » en « toilette fassie ». Dans la presse, les « maîtresses de cérémonie » ont alors été présentées comme les « gardiennes des traditions marocaines ». Dans le même temps, les coutumes de Fès sont instituées comme représentatives des traditions matrimoniales à l'échelle nationale.

Lors des noces de Lalla Asmaa, les « maîtresses de cérémonie » ont bénéficié d'une publicité encore plus grande. Des milliers de spectateurs marocains qui n'avaient aucune idée des coutumes des villes impériales ont pu voir ces femmes dans l'exercice de leurs fonctions les plus visibles et les plus sonores : la conduite des mariées dans l'espace cérémoniel, les you-you, les prières pour le Prophète, l'onction de henné et le chant des louanges des mariés et de leurs familles.

Ainsi, en l'espace de deux noces royales, et grâce à la « bénédiction » de leur profession par Hassan II, les « maîtresses de cérémonie » ont été sacrées « prêtresses des rites de mariage ». Le génie de ces officiantes est

---

[26]. À chaque mariage royal, toutes les « maîtresses de cérémonie » de la corporation de la ville sont réquisitionnées pour s'occuper des mariées du peuple.

d'avoir su tourner à leur avantage l'enchantement suscité par les fastes du Palais. Nous allons voir comment elles ont contribué à la diffusion du « rituel des sept toilettes » à l'échelle nationale.

Action des « maîtresses de cérémonie »

En raison de la mixité cérémonielle, de l'usage de techniques de parure « modernes » (coiffure et maquillage) et du port d'une robe occidentale pendant la noce, les vieilles générations chleuhes appréhendent le rituel contemporain comme une imitation de pratiques occidentales, voire comme un phénomène de mode. Ainsi, les aînés n'attribuent jamais le titre de coutumes (*leɛwayd*) au « rituel des sept toilettes ». De plus, même les jeunes chleuhs réservent le dénominatif *leɛwayd* aux rites du Sous alors qu'ils en ont une connaissance limitée, voire nulle. Questionnés sur les coutumes qu'ils ont accomplies, les mariés et leurs aînés répondent tous : « Nous, on n'a pas fait *leɛwayd*. On a fait la *neggafa* (ou le *ləbas*) ». Sans doute est-ce parce que cette cérémonie ne comporte aucune référence au sacré que les actants lui refusent encore le statut de rite. En effet, la différence primordiale entre les coutumes vestimentaires du Sous et les pratiques contemporaines du Nord réside dans le fait que les premières sont fondées sur la croyance à l'efficacité magique des effets portés par la mariée (Azizi, 1998 : 174-181 ; 191-195). Toutefois, la cérémonie des changements de toilette peut être considérée comme un rite collectif parce qu'elle est stéréotypée et répétitive.

À l'heure actuelle, l'accomplissement de ce rituel vestimentaire a revêtu un caractère quasi « *obligatoire* » dans toutes les couches de la population urbaine, des plus aisées aux plus modestes. L'engagement des officiants contemporains est une dépense qui ne débouche sur aucune acquisition matérielle. Pourtant ce gaspillage, ostentatoire pour quelques rares privilégiés et ruineux pour la majorité, s'est généralisé au point de devenir incontournable. Quels que soient leur âge et leur statut social, toutes les interviewées s'accordent à dire que les familles sont « *obligées* » d'accomplir le « rituel des sept toilettes » sous peine de voir leur prestige décliner. Même les familles réfractaires à ces pratiques se voient contraintes de les accomplir « *pour faire comme tout le monde* ».

Bien qu'elle fasse figure d'innovation récente chez les personnes ignorantes des coutumes traditionnelles du Nord du pays, le « rituel des sept toilettes » est une pratique ancienne. En effet, ce rituel résulte de l'évolution et de la contraction temporelle des principales cérémonies célébrées dans la haute et petite bourgeoisie des villes impériales.

À l'origine, le but de ces sept changements de toilette est d'exposer les plus belles pièces du trousseau sur le corps même de la mariée[27]. Les sept toilettes du septième jour des noces, ainsi que toutes celles revêtues les jours précédents, doivent en principe faire partie du trousseau payé avec la fortune de son père et la compensation matrimoniale versée par l'époux. Mais, en réalité, seules les familles les plus riches pouvaient se permettre de telles dépenses vestimentaires. Tandis que les moins riches louaient par l'intermédiaire des « maîtresses de cérémonie » une grande partie des costumes et des bijoux (Besancenot, 1953 : X).

La généralisation du « rituel des sept toilettes » n'a été rendue possible que par certains changements qui l'ont en

---

[27]. La coutume de l'exposer sur un support de cordes, ici considérée comme une pratique bédouine, ne prévaut que dans les milieux populaires.

quelque sorte dissociée de son milieu d'origine. Et ces changements sont des résultantes directes de l'action des officiantes contemporaines.

Premièrement, les « maîtresses de cérémonie » ont réussi à étendre leur réseau de services jusqu'aux couches les plus défavorisées en proposant des accessoires de qualités différentes, et en adaptant leurs tarifs à la bourse de chacun[28]. Les mariées les plus aisées profitent toujours de ce rituel pour exhiber leurs biens. Mais, en se popularisant, le « rituel des sept toilettes » a subi un glissement de sens décisif. De pratique ostentatoire de milieux bourgeois, il s'est transmué en pratique économique dans les couches moyennes et modestes. En intégrant comme un diktat l'idée que la mariée doit porter successivement sept toilettes, les familles les moins fortunées ont trouvé dans la location de costumes nuptiaux un moyen de surmonter leur incapacité à assumer leur achat. Ainsi, la plupart des interviewées ne considèrent pas la location des costumes nuptiaux comme un gaspillage ostentatoire, mais plutôt comme une mesure économique permettant de pallier à l'insuffisance du trousseau. Le recours aux services des « maîtresses de cérémonie » permet ainsi de compenser la démission de certains pères en matière de dotation, ainsi que l'incapacité des mariés à assouvir les fantasmes vestimentaires de leur promise.

Deuxièmement, les « maîtresses de cérémonie » ont réussi à pénétrer les familles d'origine et d'ethnie diverses en diversifiant les styles vestimentaires de leur garde-robe. Elles ne proposent plus comme jadis uniquement les costumes nuptiaux propres à la ville où elles exercent, ou propres à la ville d'origine de leurs clientes. Comme nous l'avons vu plus haut, elles proposent à toutes les mariées

---

[28]. Lorsqu'elles sont sollicitées par des familles modestes, les « maîtresses de cérémonies » les plus réputées et les plus onéreuses ne se déplacent pas en personne, mais délèguent leurs assistantes.

cinq costumes nationaux de base et un choix de costumes étrangers, dont le plus populaire est la « toilette indienne ».

Il est aujourd'hui difficile d'identifier les actants qui ont eu l'idée initiale d'introduire plusieurs styles vestimentaires dans la panoplie nuptiale. Mais il est certain que cette initiative n'appartient pas aux vieilles « maîtresses de cérémonie » des médinas de Fès, Meknès, Rabat ou Marrakech. La première réaction des cheftaines des corporations des villes impériales a d'ailleurs été d'interdire à leurs collègues de telles pratiques. Elles n'ont à leur tour diversifié leur panoplie que lorsque ces innovations sont devenues lucratives et populaires. L'idée ingénieuse de proposer simultanément plusieurs styles nationaux vient de « maîtresses de cérémonie » jeunes, résidant et travaillant à Casablanca au sein d'une population hétéroclite. Les classes aisées de cette ville sont certes en majorité constituées de familles originaires des vieilles bourgeoisies des villes impériales et « citadines », mais elles comptent également en leur sein des migrants et des descendants de migrants de tous les horizons marocains. Avec les toilettes de deux villes impériales (Fès et Marrakech), et avec celles des provinces du Nord et du Sous, elles ont su ménager et flatter les susceptibilités régionales de tous. L'intégration des costumes de Fès et de Marrakech est tout à fait attendue. Hassan II lui-même n'a-t-il pas choisi ces deux villes historiques pour célébrer le mariage de ses filles ? Ainsi, si Lalla Meriem a été portée sur la « table » vêtue de la grande « toilette fassie », Lalla Asmaa a été portée voilée de vert, couleur de l'Islam mais aussi couleur du costume nuptial de Marrakech.

Par son nom générique, et du fait qu'elle est accompagnée du « palanquin »[29], la « toilette du Nord » est représentative d'une large région qui englobe les provinces de Tanger et de Tétouan, ainsi que celles de Al Hoceima et Chefchaouen. L'introduction de cette toilette satisfait donc l'ego de tous les clients originaires des provinces au nord de Fès.

Comment intéresser les riches commerçants originaires du Sous, dont l'urbanité est la plus récente et dont les coutumes vestimentaires sont les plus éloignées de celles des villes impériales ? N'est-ce pas en introduisant la « toilette chleuhe » qu'elles ont réussi à séduire leurs familles et à pénétrer leurs foyers ? Depuis quelques années, le terme chleuh tend à désigner de manière générique tous les berbérophones[30]. Aussi même si la « toilette chleuhe » est spécifique au Sous, son usage tend à satisfaire les susceptibilités identitaires des berbérophones provenant d'autres régions[31].

Quant au cinquième costume national, la « toilette de la princesse », il a fait son apparition dans la panoplie des « maîtresses de cérémonie » aussitôt après les noces de Lalla Meriem. Ce costume est une pâle copie de la riche toilette blanche portée par la princesse aînée, puis par ses cadettes. Mais son succès, immédiat et persistant, prouve

---

[29]. L'accessoire de portage nommé *lɛemariya* était en usage dans pratiquement toute la zone située au nord de Fès, à l'exception de Tétouan où la « chaise à porteurs » utilisée lors de la noce était nommée *lbuża*. Voir Jouin, 1931 : 339 ; Michaux-Bellaire, 1911 : 70 ; Salmon, 1904 : 281-283 ; et Westermarck, 1921 : 281.

[30]. Ce terme fait alors référence uniquement à la berbérophonie de la personne ainsi désignée et non à son origine géographique.

[31]. Plusieurs questionnés considèrent l'usage de la « toilette chleuhe » et la danse des mariés pendant son port comme une « affirmation de l'identité berbère » ou une « reconnaissance du patrimoine berbère ». Kfita-Ayat a observé, à Kénitra, que les mariées qui manquent de moyens peuvent se passer des tenues de quelques régions, mais presque jamais de la tenue berbère (1988 : 202).

une fois encore l'ingéniosité de ces officiantes, ainsi que la rapidité et la justesse de leur appréciation de l'impact des fastes royaux sur l'esprit de leurs compatriotes. Toute jeune fille qui demande à porter cette toilette ne fait-elle pas preuve du désir conscient ou inconscient d'être une princesse, ou du moins d'être traitée comme telle le temps d'une noce ?

Devant le succès remporté par les divers costumes nationaux, les jeunes « maîtresses de cérémonie » ont poussé l'audace jusqu'à introduire des costumes étrangers. Le premier fut la toilette rouge imitant, avec plus ou moins de fidélité, le costume des femmes Indiennes et Pakistanaises. Pour le septième et dernier costume, les mariées ont le choix entre de nombreuses autres toilettes appartenant à des pays musulmans. Ce choix va des pays maghrébins voisins (Algérie et Tunisie) aux pays les plus lointains (Turquie, Arabie Saoudite, Koweït, etc.). Chaque saison, les « maîtresses de cérémonie » innovent en introduisant une nouvelle nationalité. Mais la « toilette indienne » reste le costume étranger le plus populaire, et son intégration n'est plus remise en question même par les puristes de Fès ou Marrakech. La réussite de ce choix prouve également la bonne connaissance qu'ont les « maîtresses de cérémonie » des fantasmes de leurs compatriotes, notamment ceux d'une gent masculine abreuvée de films indiens depuis le plus jeune âge. Car les gestes que les « maîtresses de cérémonie » demandent à la mariée de faire lors du port de cette toilette sont des imitations de scènes vues au cinéma. Quelques questionnés seulement répondent que le but du port de la « toilette indienne » est de sublimer et tester la beauté de la mariée. Tandis que d'autres affirment que les gestes accomplis par la mariée lors du port de ce costume exprime la soumission de l'épouse à l'époux. Mais, dans le discours des interviewées, ces deux réponses sont récurrentes. En acceptant de se laisser déguiser en Indienne, les jeunes filles marocaines ne prétendent-elles pas, consciemment ou inconsciemment, montrer à leurs hommes qu'elles peuvent être aussi belles que les actrices indiennes sur lesquelles ils ont fantasmé dans l'obscurité glauque des cinémas des bas quartiers ?

Les modifications apportées à l'ancien rituel vestimentaire par les « maîtresses de cérémonie » résultent donc, en grande partie, de leurs stratégies de captation de clientèles aux origines géographiques et « ethniques » diverses.

Affirmation rituelle de l'identité nationale

Par effet de mimétisme, l'exemple donné par Hassan II lors des noces de ses filles a favorisé la généralisation du recours aux services des officiants contemporains, en légitimant la déségrégation cérémonielle. Mais c'est grâce à l'action des « maîtresses de cérémonie » que le rituel contemporain s'est diffusé à l'échelle nationale. Ces femmes, que les bien-pensants affectent de mépriser, sont des acteurs sociaux dans le plein sens du terme. Grâce à leur esprit d'initiative et à leur grande connaissance de la société marocaine, elles ont contribué à transmuer quelques traditions bourgeoises et séculaires en parangon de la modernité ; et elles les ont hissées au rang de rituel populaire et national. Le résultat des modifications qu'elles apportent au rituel citadin traditionnel est à la fois une sorte d'exploitation/satisfaction du goût prononcé de la plupart des Marocains pour le déguisement[32] et une

---

[32]. Dans la vie quotidienne, ce goût pour le déguisement est satisfait et entretenu par les photographes qui mettent à la disposition de leur clientèle toute une panoplie de costumes internationaux et nationaux (citadins et ruraux). Comme la plupart de ses sujets, Hassan II passait

célébration des principales composantes régionales de la société marocaine contemporaine.

En effet, dans le rituel matrimonial contemporain, le vêtement féminin n'est plus utilisé comme un signe d'appartenance à un groupe régional défini. Quelle que soit son origine géographique et ethnique, la mariée porte l'un après l'autre plusieurs costumes régionaux. On peut voir dans ce nouvel usage la manifestation d'une conscience aiguë de la déperdition graduelle de la diversité vestimentaire, une résistance symbolique à l'uniformisation du vêtement marocain et à la concurrence du vêtement européen. Mais ce rituel vestimentaire est plus qu'une auto-folklorisation[33]. C'est le signe d'une atténuation de l'esprit régionaliste et l'expression de la pleine maturation d'une conscience nationale. Par le port de tous ces costumes régionaux, c'est l'appartenance à la nation marocaine qui est signifiée. Dans bien des pays du tiers-monde, musulman et non musulman, le costume nuptial local a été supplanté par l'habit occidental. Au Maroc, non seulement la robe et le smoking occidentaux n'ont pas supplanté la djellaba masculine et les différents

---

avec une grande aisance du mode vestimentaire européen au mode vestimentaire marocain. Sur les portraits proposés au grand public, il est représenté dans toutes sortes de tenues, des plus classiques aux plus fantaisistes (veste de daim frangée et chapeau de cow-boy). Par contre, Mohammed V portait toujours la djellaba en public. Il ne portait des vêtements occidentaux que dans le privé, sans doute pour ne pas choquer les conservateurs qui voyaient dans l'adoption du costume occidental une forme d'acculturation, voire d'irréligion. La manipulation des signes vestimentaires est donc un art consommé dans lequel excellent la plupart des Marocains, du plus humble au plus illustre.

[33]. Depuis quelques années, le « mariage marocain » est apparu comme le must des divertissements offerts aux touristes étrangers, dans les dîners-spectacles des grands hôtels marocains. Il arrive même que des couples parmi les spectateurs soient invités à se laisser déguiser en mariés marocains.

costumes féminins, mais en plus le rituel s'accommode de l'introduction d'autres costumes étrangers.

Ainsi, le « rituel des sept toilettes » est une démonstration de la force de l'identité nationale marocaine. L'usage des costumes étrangers - de la robe occidentale à la « toilette indienne » - est une consécration symbolique de l'ouverture du pays aux influences de l'Occident et de l'Orient, une reconnaissance de l'interculturel tant dans le sens Est-Ouest que dans le sens Nord-Sud. Le choix de ces costumes étrangers incarne sur le corps féminin la métaphore de l'arbre[34] qu'affectionnait feu le roi Hassan II. De même, le port alternatif de la djellaba et du costume occidental par le marié exprime l'inscription des jeunes Marocains dans la modernité, sans reniement de la tradition. Aussi, le « rituel des sept toilettes » constitue-t-il un agrégat de symboles de la tradition et de la modernité, représentés dans un agencement subtil qui donne aux spectateurs une impression de coexistence harmonieuse de la tradition et de la modernité. Dans un contexte de changements socioculturels, le rituel crée ainsi une illusion de continuité entre un passé révolu, un présent complexe et un futur des plus flous.

L'étude de ces changements rituels permet donc d'observer le processus d'uniformisation culturelle dans une société qui se caractérisait dans le passé par le cloisonnement de ses sous-groupes et par de notables variations régionales. Elle permet également de voir

---

[34]. Hassan II comparait le Maroc à un arbre dont les racines nourricières plongent profondément dans la terre d'Afrique, et qui respire grâce à son feuillage aux vents de l'Europe. Le roi affirmait, par ailleurs, que la vie au Maroc n'est pas seulement verticale, mais qu'elle s'étend horizontalement vers l'Orient, auquel les Marocains [dont Hassan II lui-même] sont unis par des liens culturels et cultuels séculaires qu'ils ne veulent ni ne peuvent rompre, combien même ils le voudraient. (Hassan II, 1976 : 189).

comment des thèmes unifiants s'élaborent et se diffusent ; et comment un ensemble de coutumes locales passe au statut de symboles nationaux. La publication du mariage des princesses a largement contribué à l'élaboration de cette expression rituelle de la cohésion nationale autour du trône.

Subversion des anciens rituels d'intronisation

Aujourd'hui, les anciens rituels d'intronisation du marié sont en déperdition. L'identification du marié au sultan est très atténuée dans le rituel contemporain, voire nulle. Ces amis ne se prosternent plus devant lui en lui souhaitant longue vie, comme il est d'usage de faire avec le souverain. Et, même le titre de sultan (*mulay seltan*) est en train de tomber en désuétude. Mais le thème de la royauté a-t-il pour autant disparu des rites de mariage ?

Nous avons vu que l'idéal cérémoniel contemporain est la participation du marié au « rituel des sept toilettes ». Comme la mariée, il est soumis aux regards de l'assistance pendant de longues heures et doit se laisser porter sur la « table » ou le « palanquin ». L'usage de ces accessoires pour le portage du marié constitue une des innovations majeures du rituel contemporain. Peut-on voir dans cette pratique une élévation du jeune homme au rang d'une personne d'ascendance royale ?

Dans le rituel traditionnel, le marié était porté à dos d'homme, en quelques occasions, dans un but de protection contre les esprits chthoniens et les tentatives de bastonnade d'autres hommes. Mais la plupart de ses déplacements se faisaient à dos de cheval. Le cheval[35]

---

[35]. Les proverbes marocains suivants expriment cette association de la mobilité à dos de cheval à l'exercice du pouvoir : « Le trône du Sultan est sa selle », « Le ciel est son dais », « Les tentes du Sultan ne sont

étant un des symboles de la puissance en mouvement du sultan auquel le jeune marié était identifié. Les accessoires de portage, tels que la « table », le « palanquin » ou la « chaise à porteurs » étaient réservés à la gent féminine. Par ailleurs, la position séquentielle de leur usage était bien définie. Le premier portage de la mariée sur la « table » constituait un rite de séparation du foyer familial, tandis que le second constituait un rite d'agrégation au foyer conjugal. Pendant sa pérégrination d'un domicile à l'autre, la jeune mariée était portée soit sur un « palanquin », soit dans une « chaise à porteurs ».

Avant la publication des noces des princesses aînées (Lalla Meriem et Lalla Asmaa), l'usage du « palanquin » et de la « chaise à porteurs » était en déperdition depuis plusieurs décennies, en conséquence de la mécanisation du cortège. L'usage de la « table » persistait chez les vieilles familles bourgeoises de Fès. En situation de migration, la plupart des familles originaires de cette ville ont conservé leurs traditions. Elles ont même en partie contribué à leur diffusion dans les milieux aisés des villes nouvelles telles que Casablanca. Mais, chez les jeunes générations d'origine fassie, la pratique du portage sur la « table » commençait à tomber en désuétude, en conséquence de l'adoption de la robe occidentale comme costume de sortie du domicile paternel.

En accomplissant publiquement le rite de portage sur la « table », la famille royale a permis de perpétuer et de revigorer cette tradition dans son propre milieu. Dans le même temps, l'exemple royal a contribué à son adoption à l'échelle nationale, dans toutes les « classes sociales »[36].

---

jamais rangées » (Geertz, 1983 : 136-138). 1980-1981.Voir également Nordman, 1980-81 : 123-125.

[36]. Dans la société « traditionnelle », l'accessoire de la noce était souvent un signe de distinction sociale. Si à Tétouan, toutes les mariées avaient droit à la « chaise à porteurs » (Jouin, 1931 : 339), par

En commentant le portage de la princesse Lalla Asmaa, le présentateur de la R.T.M. a appelé la « table » *læmariya* (« palanquin »). Par ailleurs, il a à plusieurs reprises utilisé des termes de Tanger pour désigner les cérémonies royales célébrées à Marrakech. Pour les spectateurs ignorant les coutumes matrimoniales et la terminologie rituelle de ces deux villes, la confusion est passée inaperçue[37]. Mais c'est sans doute cette confusion des deux accessoires qui a donné l'idée aux « maîtresses de cérémonie » d'utiliser le « palanquin » dans le « rituel des sept toilettes ». Car l'introduction de cet accessoire dans leur panoplie est postérieure aux noces de Lalla Asmaa.

L'accomplissement par la famille royale du portage le jour de la cérémonie du henné a permis de dissocier cette coutume des rites de séparation du domicile familial et du transfert au domicile conjugal. Quel que soit l'accessoire utilisé (« table » ou « palanquin »), le portage qui a ainsi perdu ses finalités traditionnelles peut être accompli n'importe où, sous une tente dressée dans la rue comme dans une salle de location. Il peut par ailleurs être accompli à n'importe quelle phase du rituel, chez la mariée et/ou chez le marié le lendemain des noces pour la première ou la deuxième fois. Chez les familles aisées qui engagent des « maîtresses de cérémonie » même pour les fiançailles, la fiancée peut être portée dès ce jour sur la « table » comme sur le « palanquin ». De même, une mariée aisée peut être portée à plusieurs reprises sur des « tables » différentes, au cours d'une même cérémonie. Le portage en « toilette fassie » reste une tradition établie,

---

contre dans les autres villes, cet accessoire était réservé aux filles de la bourgeoisie commerçante et chérifienne (El Khayat, 1994 : 107 ; Westermarck, 1921 : 147). De même, dans les localités où le « palanquin » était en usage, toutes les familles ne pouvaient se permettre son achat (Salmon, 1904 : 281).
[37]. Ainsi, la plupart des enquêtés considèrent que le « palanquin » et la « table » sont originaires de Fès et/ou de Marrakech.

mais un portage peut également avoir lieu en « toilette de la princesse »[38].

Le « palanquin » comme la « table » ont donc perdu leurs fonctions traditionnelles. Toutefois, leur usage a subi un glissement de sens. Le « palanquin » est utilisé lors de la première apparition de la mariée dans l'espace cérémoniel. Les officiants, ainsi que la plupart des interviewés, affirment que ce portage initial est une manière de présenter la mariée à tous les invités, une manière de la distinguer et de la rendre visible à tous[39]. Lors que dans le rituel traditionnel, cet accessoire était plutôt utilisé pour rendre la mariée totalement invisible et

---

[38]. C'est alors une « table » blanche, en forme de paon (*tawsa*) ou d'huître (*lkokiyaž*), qui est utilisée. Ces accessoires de portage suscitent entre les « maîtresses de cérémonie » une véritable émulation. À chaque saison, pour séduire leur clientèle, elles proposent des « tables » aux formes inédites, de couleurs nouvelles, assorties aux costumes nuptiaux.

[39]. La plupart des questionnés avouent ne pas comprendre le sens du portage des deux mariés. Certains lui attribuent une fonction de mise en valeur. Tandis que d'autres voient dans cette pratique un traitement inégalitaire des sexes. Ainsi, une jeune fille affirme que le portage donne à la mariée l'illusion d'être une reine, alors que son sort est d'être une femme soumise. « *La mariée se sent la plus heureuse sur sa ɛemariya, elle est égocentrique, la même chose pour le mari, la différence est que le mari reste toujours roi et la femme devient l'esclave après le mariage, elle devient sous la ɛemariya et non sur* ». Cette jeune fille interprète donc le portage comme un traitement différentiel au profit de l'époux, tandis qu'un jeune garçon l'interprète au profit de la femme. « *C'est une reine, lui un serviteur* ». Parmi les rares questionnés qui interprètent le portage comme l'expression du changement de vie des sujets du rite, une jeune fille donne une réponse digne d'un ethnologue. « *Normalement c'est les morts qu'on met dans quelque chose en bois et on les lève en haut. Les mariés sont portés pour être enterrés dans la tombe du mariage, et quand quelqu'un est mort il ne quittera jamais sa tombe, ce qui signifie que les deux ne se quitteront jamais* ».

aveugle[40]. De même, lors de son portage sur la « table », la mariée était totalement aveuglée par des voiles ou l'eau de sucre scellant ses paupières. Les rideaux de l'actuel « palanquin » sont plus une décoration qu'un voile. Lorsqu'elle est sur la « table », les « maîtresses de cérémonie » recommandent à la mariée de sourire aux assistants, de leur envoyer des baisers des deux mains, voire de leur lancer des pétales de roses. Sur la « table » comme sur le « palanquin », la mariée contemporaine peut donc voir et être vue de tous.

La finalité de distinction et de mise en valeur est parfois attribuée au portage du marié par les enquêtés, mais cette innovation laisse perplexes la plupart d'entre eux. Quant aux mariés enquêtés, la plupart d'entre eux ont essayé de se soustraire au portage, quelques-uns ont même refusé énergiquement de monter sur la « table ». Mais, malgré leur résistance, ils ont été soumis à ce rituel par les « maîtresses de cérémonie » et/ou leurs propres parentes.

Les mariés qui refusent cette pratique ne ressentent-ils pas confusément qu'elle les réduit à l'état d'objet ? Car, si au prime abord, le « rituel des sept toilettes » semble être une célébration et une reconnaissance de l'entité et de l'autonomie du couple, en réalité, les mariés y sont réduits à l'état de « marionnettes » entre les mains des « maîtresses de cérémonie ». Ils se laissent porter et secouer sur la « table » comme des ballots inertes ; ils sourient, défilent et dansent sur commande. Le « rituel des sept toilettes » a sur eux un effet amnésiant et abrutissant.

---

[40]. Quelles que soient sa forme et sa provenance, l'accessoire de la noce était l'instrument de l'invisibilité et de l'aveuglement de la mariée du Nord dans l'espace public, tout comme le costume nuptial de la mariée chleuhe. Enfermée dans sa caisse, la mariée du Nord était en plus littéralement ensevelie sous plusieurs épaisseurs d'étoffes ou de couvertures. N'est-il pas significatif qu'à Fès on ait recours à des croque-morts pour porter la jeune mariée chez son époux ? Selon le dicton populaire, « le mariage de la femme est sa tombe ».

À son terme, la plupart n'ont plus une ombre de volonté personnelle. C'est alors que leurs parentes, les « aînées » (*timezwura*), entrent en scène pour les soumettre au rituel de défloration publique. Malgré l'impopularité de cette pratique parmi les jeunes, la plupart des mariés ont bien du mal à s'y soustraire (Azizi, 1998 : 353-367). Ce rituel du sang instaure entre les deux conjoints une relation dissymétrique que le « rituel des sept toilettes » n'exprime pas clairement. Car, même si les « maîtresses de cérémonie » sont allées chercher dans un modèle étranger (le cinéma indien) une expression de la soumission féminine, le marié contemporain est bien falot. En acceptant de se laisser porter sur la « table », il se soumet à un rituel qui symbolise la traditionnelle réification de la femme. Sa participation aux changements de toilette de la mariée l'isole du groupe masculin, et l'intègre, en quelque sorte, au groupe des femmes qui gravitent autour de la mariée, qui est le principal centre d'intérêt de toute l'assistance. Ainsi, contrairement aux anciens rituels masculins, la soumission du marié au même rituel que la mariée et son confinement dans une sphère rituelle traditionnellement féminine contribuent à une dévirilisation de l'individu masculin.

Dans le passé, la mariée ne pouvait être identifiée ni à la femme du souverain, ni à ses filles, puisque l'une comme les autres étaient cloîtrées et interdites d'images[41]. Les seules cérémonies royales que les hommes pouvaient observer et imiter étaient les parades montées (*rekba*) des chérifs alaouites s'alliant au sultan[42]. Aujourd'hui, la visibilité des princesses, leur participation active - bien que limitée - aux affaires publiques, et surtout la

---

[41]. Malgré son dévoilement officieux lors des noces de Lalla Asmaa, l'épouse d'Hassan II reste interdite d'image et ne remplit aucune des fonctions publiques qui échoient à ses filles et à ses belles sœurs.
[42]. Biarnay, 1924 : 21-29.

publication télévisée de leurs noces ont permis l'émergence de nouvelles formes d'identification au pouvoir monarchique. Le mimétisme des principaux actes des noces des princesses alaouites induit, en effet, une élévation de la mariée au rang de *amira* (princesse)[43]. En revêtant la « toilette du henné » et la « toilette de la princesse », de même qu'en montant sur la « table », les jeunes filles marocaines reproduisent fidèlement les principaux actes diffusés par la télévision gouvernementale, lors des noces de Lalla Asmaa. Dans le rituel contemporain, les insignes de la royauté ne sont pas investis sur le corps masculin, mais sur le corps féminin. N'est-ce pas la mariée qui porte une couronne ? Lors des noces de Lalla Asmaa, tous les insignes de la royauté étaient concentrés sur sa personne. Elle occupait une position centrale dans l'espace cérémoniel, avec les autres mariées autour d'elle. Les époux par contre n'étaient pas mis en valeur. Khalid Bouchentouf, l'époux de Lalla Asmaa avait également une attitude très effacée. Le roi Hassan II était le principal ordonnateur des cérémonies. Il occupait le devant de la scène, et était le seul à poser avec sa fille et les autres mariées. L'exigence de la présence du marié aux côtés de la mariée pendant le « rituel des sept toilettes » résulte assurément du mimétisme de cette séance de poses royales. Mais il est difficile d'en conclure une identification du marié au souverain. Car l'identification des mariées marocaines aux princesses place le roi en position de Père omnipotent auquel tous les individus masculins doivent soumission et obéissance en tant que fils ou gendres.

À travers cette subversion des anciens rituels masculins d'intronisation, le rituel contemporain assure la

---

[43]. Dans les chants de mariage contemporains, la mariée est appelée *lalla lɛalaouiya* (« Ma Dame l'Alaouite ») ou « petite-fille de Fatima Zohra », c'est-à-dire descendante de la fille du Prophète.

pérennisation de la soumission de l'individu masculin au pouvoir monarchique, une soumission qui se veut aujourd'hui totale. Car, si dans le rituel traditionnel, l'intronisation du marié traduisait bien la légitimation populaire du pouvoir monarchique, cette royauté éphémère exprimait, par ailleurs, la possibilité de rébellion et d'accession au pouvoir de tout homme à poigne doté d'une intelligence hors du commun[44]. Toute possibilité de dissidence est annihilée dans le rituel contemporain où s'opère un glissement des représentations « masculines » du souverain comme « Commandeur des croyants » et parangon de virilité pour tous les « hommes » à des représentations « féminines » de la Nation au sein de laquelle le roi apparaît comme le Protecteur suprême des

---

[44]. Dans le Maroc précolonial, l'accession au trône s'effectue de deux manières : par désignation par le sultan de son héritier présomptif ou par la force. Mais, dans un cas comme dans l'autre, le nouveau sultan ne peut régner que s'il obtient la reconnaissance et l'allégeance des oulémas et des tribus. La seconde condition d'existence de cette forme de pouvoir est l'investissement de désir par la population sur le corps de son détenteur, c'est-à-dire son consentement à la discrimination, et sa croyance à la sacralité du sultan chérifien. Symbole de noblesse, de sainteté, de virilité et de baraka fécondatrice, le descendant de Lalla Fatima Zohra et de Moulay Ali est considéré comme le chaînon créant une sainte relation de la communauté musulmane d'extrême occident avec la famille du Prophète. En plus de la preuve généalogique de son ascendance prophétique, le sultan doit présenter des signes manifestes de la baraka de ses « augustes ancêtres ». C'est-à-dire qu'il doit être doté de pouvoirs et de dons surnaturels, qui lui confèrent le statut de marabout et lui assurent l'allégeance du peuple et des oulémas. Mais ni son ascendance chérifienne, ni sa baraka, ne lui garantisse l'allégeance d'éventuels usurpateurs se reconnaissant des qualités identiques ou supérieures. Pour cela, il doit être un personnage d'une volonté de puissance, d'une énergie physique et intellectuelle, et d'un charisme hors du commun. C'est-à-dire qu'il doit également faire preuve de ce que Geertz a appelé « une baraka de tempérament » (1992 [1968] : 67).

droits et libertés des femmes[45], le Père omnipotent qu'aucun « sujet » ne peut imiter le temps d'un rituel, voire concurrencer dans l'exercice du pouvoir politique.

La question de savoir si cette réorganisation de l'expression rituelle du thème de la royauté résulte de l'évolution du mode d'accession au trône et de l'accentuation de la légitimité constitutionnelle du pouvoir monarchique[46] reste posée. On peut également se demander si la déperdition des anciens rituels d'intronisation ne résulte pas du refus des jeunes de s'identifier au détenteur de ce pouvoir. Une réponse affirmative à cette dernière question poserait les femmes en gardiennes du système de discrimination, puisque ce sont elles qui ont élaboré et mis en scène de nouvelles formes de légitimation rituelles du pouvoir monarchique.

Les résultats de cette enquête ont été finalisés et présentés un an avant le décès du roi Hassan II (Azizi, 1998). Je posais alors la question suivante : La publication du mariage des princes, et notamment celui du prince

---

[45]. Dans un discours à l'occasion du 39ème anniversaire de « La Révolution du Roi et du Peuple (20 août 1992), Hassan II prenait position sur la réforme de la Moudawana. Rappelant tout d'abord que lui seul « porte la responsabilité de la Moudawana ou de sa non-application », il invitait le peuple à s'en référer à lui et à se garder de mêler, lors des prochaines campagnes, référendaire et électorales, « ce qui est du domaine de ta religion à ce qui relève du temporel et de la politique... ». Le roi a ensuite appelé les femmes et les associations féminines à lui adresser directement, au Cabinet Royal, leurs observations et doléances à propos de ce qui leur paraît nuire à la femme et à son avenir, les invitant à le laisser « réparer tout cela hors de la scène politique » et avec l'aide des ouélmas du Maroc, qui selon ses propres termes ne sont pas des fanatiques.

[46]. La nouvelle constitution marocaine (1996) institue formellement le principe de la succession en ligne directe de mâle en mâle et par ordre de primogéniture, à moins que le roi ne désigne de son vivant un autre fils pour lui succéder. En l'absence de descendant mâle en ligne directe, la succession revient à la ligne collatérale mâle la plus proche dans les mêmes conditions. Voir Cubertafond, 1997 : 151-156.

héritier Sidi Mohamed, permettra-t-elle l'émergence de nouveaux rites d'identification des mariés au souverain ?

Le 24 juillet 1999, Sidi Mohamed est devenu Mohamed VI, en recevant selon la tradition successorale marocaine l'allégeance du gouvernement, des oulémas et de tous les membres de l'élite politique. Au lendemain de son intronisation, beaucoup de rumeurs ont couru sur la nature de son état civil : marié, concubin, célibataire ? La constitution exigeant que le roi soit marié, l'élite monarchiste voyait d'un œil [silencieusement] critique un célibat prolongé mettant en péril l'avenir de la dynastie califale. Tandis que le « peuple », habitué à être invité à partager les fastes du Palais après la publication des noces des princesses, attendait avec une certaine impatience la publication du mariage du roi. Les inquiétudes des uns seront calmées et la curiosité des autres satisfaite, le 12 octobre 2002, lors de l'ouverture de la session parlementaire. Date à laquelle, Mohammed VI a annoncé, devant un parterre de burnous immaculés, ses fiançailles avec Salma Bennani, « une jeune informaticienne issue d'un milieu modeste ». Un acte sans précédent dans l'histoire du royaume et qui conforte l'image du souverain alaouite comme un homme moderne, protecteur et promoteur de la condition des femmes marocaines. Le 21 mars 2002 sera rédigé l'acte de mariage du roi avec une « jeune fille du peuple » qui, par décret royal, est aussitôt élevée au rang d'Altesse royale, prenant ainsi le titre de Lalla Salma, un titre jusqu'ici réservée uniquement aux filles et aux sœurs d'Hassan II. Encore un acte sans précédent historique et un geste royal hautement symbolique, pour les militantes féministes comme pour les simples citoyennes. Car, à défaut d'avoir une reine avec de réelles fonctions politiques, les marocaines ont « enfin » une épouse-princesse « de représentation » à admirer et imiter. Après maints contretemps conjecturaux, les noces royales sont enfin célébrées les 12, 13 et 14 juillet 2002, à Rabat, et « le peuple tout entier » sera invité à partager la joie de son souverain, « dans la pure tradition chérifienne ».

Plus haut, je posais la question de savoir si la publication du successeur d'Hassan II permettra l'émergence de nouveaux rites d'identification des mariés au souverain. La réponse à cette question nécessite une analyse « anthropolitique » des dernières noces royales, ainsi qu'un retour sur le terrain pour mesurer l'impact sur l'imaginaire des marocains et marocaines des images cérémonielles diffusées par le palais, notamment l'image du roi Mohammed VI, porté et secoué sur le « palanquin », comme n'importe quel marié marocain ordinaire. Toutefois, en conclusion à cette modeste étude dont les résultats sont datés, je peux réaffirmer que les rituels matrimoniaux marocains sont aujourd'hui définitivement féminisés. Les noces royales signent la victoire des femmes marocaines sur le plan rituel, leur complète maîtrise du passage des hommes à l'état de marié, ainsi que leur complète allégeance à la monarchie sur le plan politique.

Références bibliographiques

AUBIN, Eugène. 1904. *Le Maroc d'aujourd'hui*. Paris : Armand Colin. XII-500 p.

AZIZI, Souad. 1998. Cérémonies de mariage en changement dans le Grand Agadir (Sous, Maroc), *thèse de doctorat en anthropologie sociale et ethnologie*, sous la dir. de Camille Lacoste-Dujardin. Paris : École des Hautes Études en Sciences Sociales. 450 p., 29 pl., 58 ill.

BENNANI-CHRAÏBI, Mounia. 1994. *Soumis et rebelles : les jeunes au Maroc*. Préf. de Rémy LEVEAU. Paris : C.N.R.S. 335 p.

BESANCENOT, Jean. 1953. *Bijoux arabes et berbères du Maroc*. Préf. de M. VICAIRE. Casablanca : La Cigogne. XVI-19 p., 40 pl.

BIARNAY, Samuel. 1924. « Le mariage chez le sultan et les chérifs alaouites ». p. 21-29. In : *Notes d'ethnographie et de linguistique Nord-Africaines*. Publiées par Louis BRUNOT et Émile LAOUST. Paris : Ernest Leroux. « Publications de l'Institut des Hautes Études Marocaines, tome XII ». IV-272 p.

BROWN Kenneth. L., LAKHSASSI Abderrahmane. 1987. « La destruction est comme un oued. Le tremblement de terre d'Agadir. Un poème en Tachelhit ». *Littérature Orale Arabo-Berbère*. N°18, p. 43-63.

CHÉRIFI, Rachida. 1988. *Le Makhzen politique au Maroc. Hier et aujourd'hui*. Casablanca : Afrique-Orient. 125 p.

COLLECTIF. 1962. « Le séisme d'Agadir du 29 février 1960 ». *Notes et Mémoires du Service Géologique*. N°154, p. 9-19.

COMBS-SCHILLING, M. Elaine. 1989. *Sacred performances. Islam, sexuality, and sacrifice*. New York: Columbia University Press. 377 p.

– 1996. « La légitimation rituelle du pouvoir au Maroc ». p. 71-89. In : Rahma BOURQIA, Mounia CHARRAD, Nancy GALLAGHER (dir.). *Femmes, culture et société au Maghreb*. Vol. 1. *Culture, femme et famille*. Casablanca : Afrique-Orient. 183 p.

CUBERTAFOND, Bernard. 1997. *Le système politique marocain*. Paris : L'Harmattan. 189 p. (coll. « Histoire et perspectives méditerranéennes »).

DIALMY, Abdessamad. 1995. *Logement, sexualité et Islam*. Casablanca : Eddif. 394 p.

EL KHAYAT, Ghita. 1994. *Le somptueux Maroc des femmes*. Salé : Dedico. 122 p.

GEERTZ, Clifford. 1983. *Local knowledge: further essays in interpretive anthropology*. New York : Basic Books Inc. 244 p.

– 1992 [1968]. *Observer l'Islam. Changements religieux au Maroc et en Indonésie*. Trad. de l'anglais [*Islam observed : religious developement in Morocco and Indonesia*] par Jean- Baptiste GRASSET. Paris : La Découverte. 149 p. (coll. « Textes à l'appui », série « Islam et société »).

GRANGE, Daniel J. 1997. « La monarchie chérifienne, jeux de pouvoirs et pouvoir du temps ». *Géopolitique*. N°57, p. 15-25.

HASSAN II. 1976. *Le défi*. Paris : Albin Michel. 284 p.

JAMOUS, Raymond. 1981. *Honneur et Baraka. Les structures sociales traditionnelles dans le Rif*. Paris : Maison des Sciences de l'Homme. 303 p.

JOUIN, Jeanne. 1931. « Iconographie de la mariée citadine dans l'Islam nord-africain ». *Revue d'Études Islamiques.* N°4, p. 313-339.

KACI, Hassan. 1921. « Les cérémonies de mariage à Bahlil ». *Hespéris.* N°1, p. 337-342.

KFITA-AYAT, Najat. 1988. Les rites de mariage à travers deux générations de femmes kénitriennes : enquête sur quelques aspects du changement social au Maroc, *thèse de doctorat en sociologie*, sous la dir. de Jean-Michel Berthelot. Université de Toulouse II. 464 p.

LAOUST, Émile. 1915. « Le mariage chez les Berbères du Maroc ». *Archives Berbères.* Vol. 1, n°1, p. 40-76.

LE CŒUR, Capitaine. 1933. « Les rites de passage d'Azemmour », *Hespéris.* Vol. 4, n°2, p. 129-142.

LENS, Aline R. de. 1917-1918. « Un mariage à Meknès dans la petite bourgeoisie ». *Revue du Monde Musulman.* N°35, p. 31-55.

MICHAUX-BELLAIRE, Édouard-Léon. 1911. « Quelques tribus de montagne dans la région du Habt ». *Archives Marocaines.* N°17, p. 127-134.

MOHA, Fouad. 1984. « Le mariage dans tous ses rites ». *Jeune Afrique Magazine.* N°10, p. 32-34.

MONTAGNE, Robert. 1930. *Les Berbères et le Makhzen dans le Sud du Maroc. Essai sur la transformation politique des Berbères sédentaires (groupe chleuh).* Paris : Librairie Félix Alcan. 419 p.

NORDMAN, Daniel. 1980-81 « Les expéditions de Moulay Hassan ». *Hespéris-Tamuda.* N°19, p. 123-152.

QUERLEUX, Capitaine. 1915. « Les Zemmours ». *Archives Berbères.* Vol. 1, n°2, p. 12-61.

RIVET, Daniel. 1999. *Le Maroc de Lyautey à Mohammed V. Le double visage du Protectorat.* Paris : Denoël. 461 p. (coll. « Destins croisés »).

SALMON, Georges. 1904 « Les mariages musulmans à Tanger ». *Archives Marocaines.* Vol. 1, n°2, p. 273-289.

SOUDAN, François. 1987. « Quand Hassan II marie sa fille ». *Jeune Afrique Magazine.* N°39, p. 36-41.

– 1994. « Un mariage très marocain ». *Jeune Afrique Magazine.* N°116-117, p. 4-5.

WESTERMARCK, Edward. 1921. *Les cérémonies de mariage au Maroc.* Trad. de l'anglais [*Marriage ceremonies in Morocco*] par Jeanne ARIN. Paris : Ernest Leroux. 394 p.

Chapitre 2. La photographie enfantine au Maroc : construction photographique des identités sexuées et idéologie du mariage

Introduction

Cet article porte sur les usages rituels au Maroc d'un genre particulier de photographie familiale[1] : la photographie de studio[2] qui a pour principal sujet les enfants des deux sexes, que je nomme ici la photographie enfantine.

La famille marocaine est aujourd'hui un espace de production et de consommation massive d'images qui la représentent, dans les occasions cérémonielles, comme dans les moments les plus ordinaires et intimes de la vie quotidienne. Cette production et consommation pléthorique d'images familiales peut en partie s'expliquer par les facteurs favorisants suivants : la disponibilité d'appareils photo et caméscopes d'une grande facilité d'usage et à des prix de plus en plus abordables ; le

---

[1] La notion de photographie familiale est ici employée dans un sens large englobant toutes les catégories de photos réalisées par ou pour les familles, quels que soient leur sujet (individus/groupes), leur contexte de production/consommation ou leur nature (professionnelle/amateur, posée/naturelle, etc.), tandis que la notion de « photo de famille » désigne les photographies posées de groupes familiaux.

[2] La notion de photographie de studio est ici utilisée dans un sens large, pour désigner les images posées, réalisées et développées contre rémunération, par des étrangers à la famille, reconnus comme des spécialistes de l'image. Ainsi, le qualificatif « de studio » renvoie plus au caractère professionnel de l'opérateur et au lieu de tirage qu'au lieu de la prise d'images. Cette catégorie d'images peut être produite aussi bien dans un local professionnel, que dans l'espace privé des familles ou un espace public (place, rue, salle des fêtes).

passage au numérique qui permet de cliquer sans compter et de visualiser sans tirage le résultat sur l'écran incorporé ; ainsi que la révolution dans le rapport à l'image engendrée par la généralisation du *smartphone*, qui donne la possibilité non seulement de produire et consommer des images de soi et des autres en tout temps et en tout lieu, mais aussi de les partager de manière quasi instantanée via les applications mobiles (WhatsApp, SnapChat, etc.) et les réseaux sociaux (Facebook, Instagram, etc.)[3]. Malgré la disponibilité d'appareils numériques dont l'usage ne nécessite pas de grandes compétences techniques, il y a une persistance, voire une intensification du recours des familles aux services des artisans photographes, de la naissance à l'adolescence, au moment des principales étapes du cycle de croissance de l'enfant, et annuellement durant certaines fêtes religieuses dont la dimension profane comporte une célébration de l'enfance[4]. On constate sur le terrain que la photographie enfantine constitue un genre de photographie de studio dont les usages se sont généralisés, au point de s'imposer aux familles comme une obligation sociale incontournable.

---

[3] Selon les résultats de l'enquête TIC réalisée en 2014 par l'Agence Nationale de règlementation des Télécommunications (ANRT), « 94 % des Marocains possèdent au moins un téléphone mobile en 2014, plus de la moitié des ménages est équipée d'au moins un ordinateur/tablette et la moitié dispose d'une connexion internet à domicile » (ANRT, 2015 : 9). Si l'on prend en compte le fait que tous les téléphones mobiles sont aujourd'hui pourvus de la fonction photo/vidéo, c'est dire que la majorité des Marocains peuvent réaliser par eux-mêmes des photos même s'ils ne disposent pas d'appareil photo ; et que près de la moitié des familles ont la possibilité de stocker les photos autoproduites sur ordinateur/tablette et de les partager en ligne sur les réseaux sociaux.
[4] Voir infra la section «Contexte rituel de production de la photographie enfantine».

Au Maroc, la sociologie reste une discipline essentiellement verbale, laissant peu de place à l'analyse des usages et fonctions sociales de la photographie familiale. Les pratiques visuelles des familles sont rarement prises en compte, alors même que les propriétés heuristiques de la photographie familiale comme objet de recherche (de Rapper, 2017) et « mode de connaissance anthropologique » (Piette, 1992) ne sont plus à démontrer. Ainsi nombre de travaux relevant de diverses approches théoriques et disciplinaires appréhendent la photographie familiale en tant que pratique sociale, riche de sens et d'enseignements sur les familles et les individus, autant que sur leur environnement social et culturel (Batchen, 2008 ; Belleau, 1996 ; Bourdieu *et al.*, 1965 ; Chalfen, 2003 [1998] ; 2015 [1987] ; de Rapper, 2016 ; Favart, 2001 ; Hirsch, 1997 ; Jonas, 1991 ; 2008 ; Langford, 2001; Maresca, 1996 ; 2004 ; Segalen, 1981 ; Rose, 2010).

Cet article propose une contribution aux recherches sur la photographie familiale par l'intermédiaire d'une étude des usages et fonctions sociales de la photographie enfantine au Maroc. Il vise selon une approche de genre à mettre en relief le caractère genré de la production et consommation de ces images, ainsi que le rôle de la photographie dans la construction sociale des identités sexuées, et l'inculcation de l'idéologie du mariage, dès la petite enfance.

1. Contexte rituel de production de la photographie enfantine

La photographie enfantine de studio est réalisée dans le cadre de la célébration de trois fêtes à dimension religieuse et profane à la fois : le Mouloud, la veille du 27e jour du ramadan et l'Achoura.

La fête du Mouloud ou *Aïd al-Mawlid Annabaoui* commémore la naissance du Prophète Mohammed. Cette fête a été introduite au Maroc, en 1292, par le sultan mérinide Abou Yaâqqoub Yousouf an-Nasr. Longtemps rejetée par certains théologiens comme une innovation (*bidʒa*) contraire au dogme, cette fête est légitimée par l'école malékite dont relève l'islam marocain. Parfaitement intégrée dans le calendrier marocain, elle donne droit à deux jours fériés au même titre que les deux fêtes majeures de l'islam : l'*Aïd al-Adha* (fête du mouton) ou l'*Aïd al-Fitr* (fin du ramadan). Sur le plan des pratiques sociales, la célébration du Mouloud est l'occasion d'une variété de rituels, dont les plus spectaculaires sont les pèlerinages aux tombeaux de saints soufis (Pâques, 1971). Dans la société traditionnelle, ces pèlerinages étaient l'occasion de mariages collectifs, de pratiques visant à favoriser l'enfantement chez les femmes stériles, ainsi que de circoncisions collectives de garçons âgés de 7 ans et plus (Reysoo, 1991)[5]. Cette fête pouvait donc être l'espace de deux rites de passage importants, soit le passage de l'individu masculin à l'état d'homme et son intégration dans la communauté musulmane (circoncision), et le passage au statut de marié des individus des deux sexes (rites de mariage).

La veille du 27e jour du ramadan (*laylatu al-qadri*, littéralement « la nuit du destin ») commémore le voyage du Prophète aux sept cieux. Sur le plan religieux, elle se caractérise par la psalmodie du Coran et des prières répétées, du coucher du soleil jusqu'à l'aube. Dans les familles, c'est un moment d'échanges de visites et de consommation de repas festifs, dont le contenu varie d'une

---

[5] Dans la société contemporaine, et surtout en milieu urbain, les circoncisions sont devenues individuelles, se pratiquant à un âge plus précoce tout au long de l'année, et elles donnent toujours lieu à une fête familiale, voire communautaire.

région à l'autre. Si pour les plus pieux, la veille du 27ᵉ jour du ramadan constitue la nuit sacrée où les cieux s'ouvrent aux prières des pénitents ; pour les adeptes de la magie noire ou blanche, elle représente une nuit de plus grande efficacité. Ainsi, elle est reconnue comme étant propice à diverses pratiques féminines, dont celles visant à s'attacher le mari ou à favoriser l'enfantement.

Dixième jour du mois de Muharram, Achoura est un temps de jeûne, d'aumône, de festivités populaires et d'une variété de pratiques rituelles : feux de joie, mascarades, repas communautaires, consommation par les femmes de mets favorisant la fécondité (Zirari, 1994), cadeaux de jouets et friandises aux enfants, etc. L'Achoura est également le temps d'une fête domestique ritualisant le passage des filles pubères à l'âge adulte, par le marquage de leurs mains au henné, le maquillage de leur visage et le port de vêtements réservés, au quotidien, aux femmes mariées.

Sur le plan des pratiques familiales et profanes, ces trois fêtes à caractère religieux étaient intimement liées à l'enfance, soit qu'elles comportaient des rites de passage (circoncision), des rites de puberté (filles), ou encore des pratiques féminines visant à favoriser l'enfantement. Or, dans la société urbaine contemporaine, ces trois fêtes sont marquées par des rituels photographiques collectifs et stéréotypés, centrés sur les enfants des deux sexes.

Que signifient donc pour les familles ces photos posées, réalisées dans ces contextes rituels et festifs en particulier ? Tel qu'elle est appropriée au Maroc, la photographie peut-elle être considérée comme un refuge de la tradition et des anciens rites de l'enfance liés aux fêtes religieuses ?

Si l'on revient au sens étymologique du terme enfant, en latin l'*infans* signifie « celui qui ne parle pas ». « Cette négation de la parole traduit la dépendance de l'enfant, qui demeure un être soumis et attaché à l'adulte jusqu'à ce qu'il apprenne à parler. Le statut du muet est identique à celui de l'enfant, car l'absence d'expression verbale le maintient à la merci de l'autre qui s'exprime pour lui, pense pour lui. » (Belarbi, 1991 : 22) Juridiquement, l'enfant est celui qui n'est responsable ni de ses paroles ni de ses actes et qui est encore sous l'autorité parentale. Sur le plan des rituels et des représentations sociales, l'enfant jusqu'à la puberté et au-delà est cet être indéfini, placé dans une position de liminalité, tant que n'ont pas été accomplis les rites de passage qui vont lui donner une place, un statut et un rôle dans la société. C'est celui au nom duquel pourrait s'exprimer et s'imprimer un discours social à travers la photographie. Dans ce travail, je pars de l'hypothèse que – telle qu'elle est pratiquée au Maroc – la photographie enfantine est le reflet d'une évolution du statut de l'enfant dans la famille contemporaine (Belarbi, 1991 ; Bouasria, 2020 ; El Harras, 2006 ; Tahiri, 2020), alors même qu'elle constitue un indicateur de la persistance des représentations collectives de ce que doivent être l'enfant modèle et l'adulte idéal projetés par la société, notamment en ce qui concerne la grande valeur accordée au mariage, en tant que seule institution et rite de passage qui permette d'accéder pleinement au statut d'adulte (Aboumalek, 2013 ; Rachik *et al.*, 2005). J'appréhende donc ici la photographie de studio comme une « technologie de genre » (de Lauretis, 1987), révélatrice d'un *familial gaze* sur l'enfant (Hirsch, 1997), qui contribue à la construction sociale des identités sexuées, et sert d'instrument d'inculcation de l'idéologie du mariage dès la petite enfance.

2. Terrain et méthodologie

Les données utilisées dans cet article sont issues de deux catégories d'observation : une enquête intensive lors de la célébration du Mouloud en 2010, et une observation de longue durée (2010-2015) des usages familiaux de la photographie enfantine de studio durant les trois fêtes religieuses mentionnées plus haut.

L'enquête de 2010 a pu être réalisée grâce à la participation de 47 étudiant-e-s en sociologie de la FLSH de Mohammedia, dans le cadre des travaux pratiques d'un enseignement d'anthropologie audiovisuelle (4e sem., année 2009-2010). Elle s'est déroulée en deux phases.

La première phase a fait usage de l'observation participante, de la conversation ordinaire et de l'entretien non directif. Cette observation systématique des pratiques de la photographie enfantine a été menée dans 50 studios du Grand Casablanca, le jour et lendemain de la fête du Mouloud (26 et 27 février 2010). La majorité[6] des 50 studios couverts par l'enquête sont situés dans les communes urbaines suivantes : Casablanca, Mohammedia, Ben Slimane, Louisia, Aïn Harrouda et Tit Mellil. Les objectifs de cette première phase de l'enquête étaient d'identifier les profils des familles, d'observer le cadre et les modalités de réalisation[7] de la photographie enfantine, de recueillir des discours sur les pratiques de ce type de photo et des échantillons de photographies du Mouloud. Dans cette première étape, 340 photos d'enfants ont été

---

[6] Une seule étudiante a dû réaliser son observation dans deux studios de la ville de Rabat, en raison de sa situation familiale (mère de famille).

[7] Choix des poses, décors, accessoires, costumes, agents décisionnels, interactions photographe/clients pendant la prestation, comportement et attitude des sujets et commanditaires de la photographie avant et pendant l'acte photographique.

collectées auprès de gérants de studio et de mères de famille.

La deuxième phase s'est déroulée en mars et avril de la même année (2010). L'observation a porté ici sur le devenir des photographies du Mouloud et sur les usages de l'album de famille, avec comme principaux outils d'investigation l'observation participante et la *photo elicitation*[8]. Soixante-trois familles ont ainsi pu être interviewées et 727 photographies collectées. En raison de la difficulté d'amener certaines familles à montrer leurs albums photos et à nous donner des échantillons de photos, les participant-e-s à l'enquête ont été encouragé-e-s à étendre l'observation aux familles avec lesquelles les lient une relation de parenté ou une relation d'interconnaissance et de confiance préétablie. Cela a permis dans certains cas d'obtenir une copie de l'intégralité des archives photographiques familiales. Ainsi, les images des Figure 1 à Figure 8 sont issues de ce corpus de 1067 photographies familiales, dont la majorité a pour sujet principal les enfants, collectées dans le cadre des enquêtes réalisées avec les étudiant-e-s de la filière de sociologie. La majorité des familles observées lors de cette première enquête résident dans des quartiers populaires. Certaines d'entre elles vivent même dans des quartiers non réglementaires, voire des bidonvilles. La plupart de ces ménages ont donc des revenus moyens ou très modestes.

Quant à l'enquête de longue durée, elle s'est déroulée sur plusieurs années (2010-2015), sous forme d'observation vidéo photographique récurrente des pratiques de la photographie de studio dans un espace public de la ville de Mohammedia, soit sur la place El

---

[8] La *photo elicitation* est une technique d'entretien qui repose sur l'usage de photographies comme support dans le but de susciter le discours des enquêtés. Cette technique a été développée par Collier (1957), l'un des fondateurs de la sociologie visuelle aux États-Unis.

Massira (de son ancien nom Bab El Kasbah)⁹. Dans le cadre de cette observation outillée de longue durée, j'ai pratiqué surtout l'observation participante sans questionnement formel, en me présentant comme une mère de famille (accompagnée de ma fille), d'une part pour ne pas déranger le cours des rituels filmés, d'autre part pour ne pas provoquer de rejet de la part des familles. Bien que le rituel vidéo photographique soit public, les mères restent toujours méfiantes à l'égard d'inconnus qui saisissent des images de leurs enfants. Par contre, les moments d'attente ont été propices à la pratique de la conversation ordinaire, avec les mères auxquelles me liait une relation préalable d'interconnaissance et de confiance.

Depuis les premières observations de 2010, la photographie enfantine a connu des évolutions remarquables. Initialement limitée aux studios des professionnels, sa pratique s'est élargie aux espaces publics urbains. Par ailleurs, elle a bénéficié d'une certaine forme d'institutionnalisation de par sa transmutation en un « Festival du henné » se déroulant du 25e au dernier jour du ramadan. Dans le cadre de cette nouvelle formule, la photographie enfantine donne lieu à un simulacre de noces au cours duquel les enfants des deux sexes sont déguisés en marié(e)s et soumis à un rituel vidéo photographique. Les photos des Figure 9 à Figure 11 sont issues de captures d'écran de vidéos réalisées par moi-même, dans le cours de cette observation outillée de la photographie enfantine à Mohammedia en 2013, 2014 et 2015.

---

[9] Pour une description visuelle du processus de formation et des usages sociaux de cet espace public central de la ville de Mohammedia, voir Azizi (2012).

3. La photographie de studio : une activité à dominante masculine

En raison du temps et de la rigidité des poses qu'elle implique, la photographie de studio est souvent qualifiée de « photo traditionnelle » (Jonas, 1991) ne rendant pas compte de la réalité du quotidien des familles et des relations entre leurs membres. On pourrait même aujourd'hui s'attendre à la disparition de ce type de photographie qui peut être vu comme démodé, voire ringard, par les jeunes parents férus d'images au naturel, de *selfies*[10] et de technologies socionumériques permettant le partage en ligne d'albums personnalisés.

Au Maroc, malgré la généralisation des appareils numériques et outils informatiques, et en dépit de la capacité des parents à produire eux-mêmes des photos de leurs enfants, la photographie de studio est devenue une activité florissante à longueur d'année. Comme preuve de bonne santé du métier d'artisan photographe (*lmouswir*)[11],

---

[10] Autoportraits réalisés avec un téléphone mobile ou une tablette. Theresa Senft et Nancy Baym (2015) appréhendent le *selfie* comme une manière de « parler » sur les réseaux sociaux, un objet suscitant certaines formes de réactions et d'interactions. Elles en donnent la définition suivante : « First and foremost, a selfie is a photographic object that initiates the transmission of human feeling in the form of a relationship [...]. A selfie is also a practice—a gesture that can send (and is often intended to send) different messages to different individuals, communities, and audiences. This gesture may be dampened, amplified, or modified by social media censorship, social censure, misreading of the sender's original intent, or adding additional gestures to the mix, such as likes, comments, and remixes. » (Senft & Baym, 2015 : 1589)

[11] Au Maroc, le terme *lmouswir* s'applique également aux artistes photographes, ainsi qu'à ceux travaillant dans les secteurs de la presse écrite et audiovisuelle, de la mode ou de la publicité. Dans ce travail, ce terme désigne uniquement les artisans photographes, autorisés ou informels, acteurs de la photographie familiale.

on peut relever le fait qu'il a connu une certaine segmentation, en termes de diversification des profils, parcours et contextes d'exercice de ses représentants. En effet, aux côtés des traditionnels photographes de quartier, exerçant dans des studios ayant pignon sur rue, il existe plusieurs catégories de photographes sans local, qui délèguent le traitement de leurs prises à un laboratoire avec lequel ils sont en relation de travail. Une première catégorie officie au quotidien, surtout dans les espaces publics où les familles promènent leurs enfants, et où les animaux de monte ou petits véhicules de location sont toujours un prétexte à photographie. Une deuxième catégorie se spécialise dans la photo vidéographie des célébrations familiales et œuvre, à longueur d'année, en association avec les maîtresses de cérémonie (*nəggafat*)[12], à domicile et dans les salles de fêtes. Quant à la troisième catégorie, elle n'exerce qu'occasionnellement, de manière informelle, durant la haute saison des fêtes familiales et religieuses. Il faut signaler ici la complexité des parcours professionnels de certains d'entre eux, particulièrement ceux qui ont réussi et dont la réputation et la clientèle dépassent le cadre de leur quartier de résidence et/ou d'exercice. Ainsi, aux côtés du simple photographe autodidacte qui s'est hissé au rang de traiteur et ordonnateur de cérémonies, on trouve également les assistantes de maîtresses de cérémonie, ayant su profiter

---

[12] Les *nəggafat* (sing. *nəggafa*) ou « maîtresses de cérémonie » sont les officiantes des rites de mariage. Contre rémunération, ces femmes parent la mariée de somptueux costumes et bijoux de location (qui sont souvent leur propriété) et lui procurent les accessoires servant à son portage rituel : la table (*təbla*) et le palanquin (*lɛamariya*). Autrefois, ces officiantes assuraient la toilette de la mariée (bain et coiffure), le port de son trousseau mobilier au domicile conjugal, la décoration de l'espace cérémoniel et l'animation musicale des noces. Au sujet des récentes évolutions de l'activité rituelle de ses maîtresses de cérémonie, voir Azizi (2014 [1998]).

des réticences des mariées voilées à se faire photographier par un homme, pour apprendre sur le tas à manipuler les outils numériques et se spécialiser dans la photo vidéographie de mariage. L'investissement de cette activité par les femmes est en grande partie favorisé par le fait que les familles conservatrices ne tolèrent guère la mixité qu'implique le recours aux services d'un homme, dans le cadre des rituels domestiques célébrés dans l'espace privé (Azizi, 2014 [1998]).

On note donc une féminisation croissante, quoique difficile[13] et relative, d'une activité qui a longtemps été un métier exclusivement masculin et qui reste encore largement dominée par les hommes. Lors de l'enquête de 2010 dans les studios de quartier, de même que durant l'observation outillée de longue durée des rituels vidéo photographiques dans l'espace public, nous avons constaté que les opérateurs sont tous des hommes, secondés par des femmes auxquelles revient la tâche de l'habillement des enfants.

Quels que soient son statut, son parcours et les conditions d'exercice de son métier, l'artisan photographe est plus qu'un simple technicien de l'image. C'est un acteur important dans la constitution de la mémoire familiale et enfantine, un agent cérémoniel incontournable des principaux rites de passage du cycle de vie de l'individu marocain. Les services des photographes de studio sont régulièrement sollicités par les familles, dans le cadre des fêtes de naissance, des rites de circoncision et de mariage, ainsi que lors des fêtes du Mouloud, de la veille du 27e jour du ramadan et de l'Achoura. Ainsi,

---

[13] Dans le documentaire *La Femme à la caméra* (2012), Karima Zoubir brosse le portrait d'une de ces « *camera women* » qui pâtissent de tous les préjugés et calomnies dont sont l'objet celles qui, en plus d'être (des mères) divorcées, osent exercer une activité nocturne, généralement réservée aux hommes.

certains des propriétaires de studio observés ont été les témoins privilégiés du déroulement de la vie des habitants de leurs quartiers, dont ils ont documenté les principales étapes de la naissance jusqu'au mariage.

Figure 1. La photographie de studio : une pratique à dominante masculine

Crédit photos : enquête de 2010.[14]

Par ailleurs, au cours de l'enquête de 2010, nous avons pu constater que les artisans photographes participent, pour une grande part, à la mise en scène de l'enfant photographié (Figure 1, Photos 4 et 5), en raison de la grande « autorité » qu'ils exercent en ce qui concerne le choix de la pose, de la mimique, des décors, des accessoires et notamment des jouets sexués qu'ils proposent aux enfants (Figure 1, Photo 6). L'ascendant des

---

[14] Les photographies des Figure 1 à Figure 8 ont été soit réalisées par les étudiant-e-s de sociologie qui ont participé à l'enquête de 2010, soit gracieusement offertes par les photographes et familles observés.

photographes sur les familles s'explique par leur maîtrise de l'éclairage, des appareils numériques professionnels[15], des techniques de postproduction des photographies, et avant tout par la confiance qu'on leur accorde pour réaliser de belles photos des occasions sortant de l'ordinaire. À la question pourquoi le recours à un artisan photographe les jours de fête, R. (femme au foyer, mère de 3 enfants) répond :

> « Pendant les jours ordinaires, un membre de la famille ou un ami peut le faire, les jours fériés ou les grands jours non, on fait appel à un spécialiste [...] parce qu'on veut garantir la réussite de la photo, tu sais l'événement ne se répète jamais c'est comme l'eau dans une rivière, on n'y se baigne pas deux fois. On dit un jour ordinaire, mais rien n'est ordinaire, on se limite à prendre des photos entre nous, faute aux moyens tout simplement. »

Qu'elle soit réalisée dans un local professionnel, en extérieur ou dans l'espace domestique, le propre de la photographie de studio est d'être posée et stéréotypée, de ne pas saisir son sujet dans des postures « naturelles » ou des activités quotidiennes. Les poses que les sujets adoptent devant l'objectif, d'eux-mêmes ou à l'invitation de l'opérateur, reflètent non pas des comportements individuels, mais des attitudes codifiées par les règles de bienséance, communément partagées par les deux parties. Lorsque l'individu regarde l'objectif de l'appareil, c'est l'œil de la société qui l'observe et lui intime la posture appropriée à son âge, son sexe et son statut social.

Comme l'ont bien montré P. et M.-C. Bourdieu (1965), la photographie de studio repose sur un paradoxe : alors même qu'elle propose de saisir un individu ou une famille dans sa singularité, en réalité ce sont des rôles et des

---

[15] Ces appareils restent hors de la portée de la plupart des familles, tant par leur coût que par les compétences techniques qu'ils nécessitent.

modèles sociaux idéaux qu'elle fixe sur l'image. En ce sens, la photographie enfantine nous intéresse en tant que construction sociale d'une certaine image de l'enfant, le *familial gaze*, résultant d'une interaction et d'une communauté d'agir et de pensée entre photographes et familles.

4. L'album du Mouloud : preuve de bientraitance et bien symbolique transmissible

L'enfant est aujourd'hui sujet d'image avant même sa naissance, alors qu'il est encore à l'état de fœtus. Les images échographiques sont l'objet d'un investissement affectif de la part des jeunes mères, dont certaines n'hésitent pas à intégrer la première image du fœtus dans l'album du bébé encore à naître ou dans l'album familial[16]. Dès son premier jour de vie ou au plus tard dès le septième jour de sa naissance, le nourrisson est abondamment photographié, seul, avec ses parents et/ou d'autres membres de la famille. La photographie enfantine s'est généralisée et imposée même dans les familles les plus modestes. Elle accompagne et mémorise tous les rites traditionnels de l'enfance qui sont célébrés dans l'espace domestique, tels que la première coupe de cheveux (à 40 jours), le rite de circoncision pour les garçons, et le perçage des oreilles pour les petites filles, sans oublier les incontournables fêtes d'anniversaires et les célébrations de réussite scolaire.

---

[16] Selon Michèle Fellous, pour beaucoup de femmes françaises, « l'examen échographique est une "photo" de l'enfant qu'elles attendent (au point que les albums de bébé prévoient actuellement la place de ce premier "cliché" dans la série de portraits à venir) et un moyen d'en connaître le sexe » (1991 : 50-51).

En plus des prises d'images dans le contexte de ces rituels domestiques, l'enfant est très souvent conduit au studio de l'artisan photographe, presque au même rythme qu'il est conduit chez le pédiatre pour les primo-vaccinations. Ces photos posées immortalisent le jour de son premier aïd[17], le fait qu'il s'est pour la première fois assis sans soutien, les premiers pas ou encore la joie des premiers mots articulés (Figure 2, Photos 7 à 10). Toutes les étapes importantes de sa croissance sont ainsi mémorisées par une photo réalisée en studio.

Figure 2. **La photographie de studio : un rite de la petite enfance**

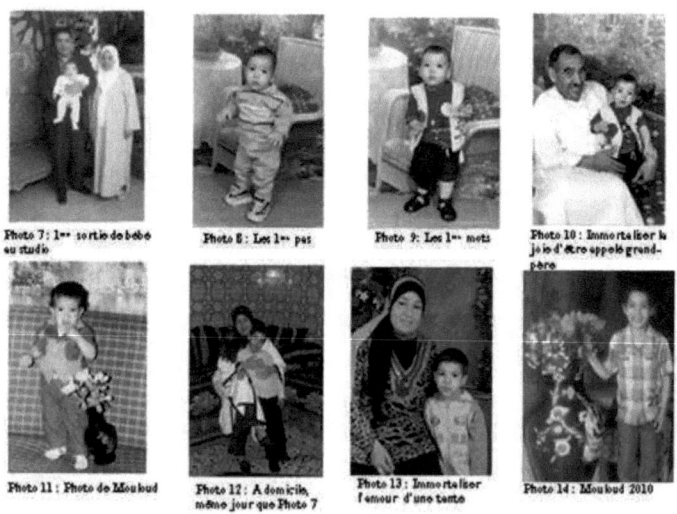

Crédit photos : enquête de 2010.

---

[17] C'est-à-dire la première fête religieuse tombant après sa naissance. Du temps où les sorties des femmes (non actives) étaient limitées à des déplacements rapides de la maison conjugale à la maison paternelle, ou dans le proche voisinage, cette première fête était consacrée à une visite solennelle du jeune enfant à ces grands-parents maternels et était l'occasion d'offre de cadeaux.

Aux côtés de ces images marquant les premières fois de l'enfant, la photo de l'aïd, en particulier celle de la fête du Mouloud, occupe une place prédominante (Figure 2, Photos 11 à 14, p. 98). Elle est répétée tous les ans, à chaque célébration du Mouloud, et tous les enfants de la fratrie y sont soumis jusqu'à l'adolescence[18].

Ces usages de la photo de studio peuvent être qualifiés de rituels, parce qu'ils s'inscrivent dans une temporalité festive qui engage toute la communauté, et surtout dans le sens où ils ont un caractère répétitif, collectif et contraignant pour les parents. Au fil des années, la photo du Mouloud est devenue un impératif social auquel ces derniers ne peuvent se soustraire, au risque d'être déjugés par leur entourage. Les premier et deuxième jours de cette fête, les studios connaissent une affluence et une demande telles qu'il y a souvent des queues impressionnantes sur le trottoir, et qu'ils doivent rester ouverts très tard dans la nuit pour satisfaire leur nombreuse clientèle.

Pourquoi ce recours collectif, récurrent et généralisé à la photographie de studio pendant la fête du Mouloud ? Quelles fonctions lui sont attribuées par les familles ?

Avant de répondre à ces questions, il faut tout d'abord rappeler quelques particularités de la fête du Mouloud, en relation avec les enfants, mais aussi et surtout avec le niveau de vie des ménages modestes et même pauvres, qui ont fréquemment des difficultés à offrir des vêtements neufs à leurs enfants lors des deux fêtes religieuses majeures, en raison des plus grandes dépenses alimentaires occasionnées par le ramadan et par l'achat du mouton

---

[18] Au moment de la prise de distance avec les parents et les rituels familiaux, les adolescents réagissent différemment selon leur tempérament et/ou leur rang dans la fratrie, soit ils rejettent complètement ce rituel photographique, ou bien ils continuent de le pratiquer, seulement en compagnie de leurs amis et/ou cousins de même âge, ou au contraire ils secondent leurs parents en prenant sur eux la corvée d'accompagner au studio leurs cadets.

sacrificiel. Le Mouloud est pour eux une occasion de se rattraper. C'est donc une fête où on donne beaucoup d'importance à l'achat de vêtements manufacturés, voire à la confection de costumes traditionnels sur mesure, pour les enfants des deux sexes. À ces dépenses vestimentaires s'ajoutent aujourd'hui les dépenses photographiques. Le prix de la photographie du Mouloud est sujet à variation selon les quartiers, la renommée du photographe, la qualité de sa composition et de ses tirages photos. Il faut compter environ de 20 à 200 DH (1,90 à 18,99 euros) de dépense par enfant. Quelle que soit la taille des fratries, chaque enfant doit être vêtu de neuf et photographié seul dans sa tenue de fête. En plus de ces photos individuelles, on réalise également des photos de groupe représentant la fratrie, avec et sans le(s) parent(s) présent(s) au studio (Figure 3).

Figure 3. **La photo du Mouloud : preuve de bientraitance et du devoir parental accompli**

Crédit photos : enquête de 2010.

Ces dépenses vestimentaires et photographiques représentent une lourde charge pour les familles modestes, dont les revenus sont souvent aléatoires ou reposants sur un seul salaire (Soudi, 2006). Pour ces familles, le souci de vêtir les enfants de neuf est une préoccupation majeure et le principal objet de discussions des parents bien des semaines avant la fête.

La photo du Mouloud est considérée comme une manifestation et une preuve de l'amour parental. En conduisant l'enfant au studio pour être photographié dans ses vêtements de fête, on prétend en premier lieu chercher à lui faire plaisir et décupler sa joie d'être vêtu de neuf. Les mères notamment sont très exigeantes en ce qui concerne la mimique de l'enfant. On attend de ce dernier qu'il arbore un visage souriant, signe qu'il est heureux d'être habillé de neuf et content d'être photographié. Une photo sans sourire, saisie dans une pose ou avec une expression qui ne plait pas aux parents est considérée comme une photo ratée[19], que l'on est en droit de refuser de payer. Un bon photographe est celui qui sait mettre les enfants à l'aise, réussit à les faire sourire, alors qu'ils sont épuisés par des heures d'attente, excédés par les cris et les pleurs incessants des plus petits ou des moins dociles.

L'accompagnement des enfants au studio relève en premier lieu des prérogatives des parents. Cependant, les

---

[19] Certaines photos que j'ai retenues – en tant que chercheuse – comme bonnes, car révélatrices des réactions des enfants à l'acte photographique sont au contraire qualifiées de ratées par les parents et le photographe lui-même. Même ramenées gratuitement à la maison, elles sont rangées non pas dans l'album du Mouloud, mais en vrac dans une quelconque enveloppe. Ainsi que l'a bien montré Sylvaine Conord, les critères des choix photographiques des usagers sont différents de ceux de l'anthropologue. Ainsi, pour les premiers, « l'appréciation d'une photographie dépend [avant tout] du système de représentation sociale de ce que doit être une bonne photographie » (Conord, 2002 : 9).

données de l'enquête du Mouloud 2010 autant que celles de l'observation outillée de longue durée montrent que c'est le plus souvent l'affaire des mères de famille.

À la question pourquoi est-ce principalement la mère qui accompagne ses enfants au studio, la plupart des interviewées ont donné une réponse stéréotypée similaire à celle de F. (femme au foyer, mère de 4 enfants) :

> « [...] parce que c'est moi qui va aider le photographe à les mettre en confiance et les faire sourire, surtout quand ils sont encore très petits et ne comprennent pas [...] c'est toujours moi qui les emmène au studio le jour de leur premier aïd et les aïds suivants parce que je les aime et que je suis contente et fière d'eux, et aussi je veux que ses photos soient pour eux un souvenir de comment ils étaient tout petits. »

Toutefois, il arrive qu'un(e) parent(e) proche s'en charge à leur place, et ceci est considéré comme une preuve d'affection de l'adulte envers l'enfant. Par exemple, les photos 12 et 13 (Figure 2, p. 98) révèlent que l'enfant a été photographié dans le cours de la même journée festive avec une tante maternelle : d'abord au domicile familial, au moment de l'entrée de cette dernière, puis au studio, où elle l'a accompagnée vêtu d'une tenue qu'elle lui a offerte. Pourquoi ce redoublement de photographie à domicile et au studio ?

> K., 30 ans, femme au foyer et mère de H. : « [...] oui je me souviens bien de ce jour-là, c'est ma sœur F. qui a emmené H. [fils unique] au studio parce qu'il était trop jaloux de son mari [...] depuis le jour de sa naissance elle l'a toujours beaucoup gâté [...] Elle voulait lui montrer qu'il est toujours son chouchou, aussi garder un souvenir du cadeau qu'elle lui a offert le jour du Mouloud ».

L'objectif ici déclaré est que la tante fraichement mariée a choisi de faire sa première photo d'aïd avec son neveu, plutôt qu'avec son mari[20] : d'une part, pour lui montrer que son affection pour lui est toujours la même et ainsi désamorcer sa jalousie envers son époux, et d'autre part, pour qu'il garde un souvenir de la tenue qu'elle lui a donnée ce jour-là.

Cette fonction de trace et de sauvegarde de la mémoire des vêtements qui ont été offerts aux enfants à chaque fête joue un rôle très important dans l'usage que font les familles de la photo du Mouloud. Elle est réalisée pour être montrée à l'entourage et prouver que le devoir de *nafaqa*[21] du chef de famille a bien été accompli. Dans un premier temps, la photo de l'aïd est exposée dans le salon familial, afin que tous les visiteurs la voient. Dans un deuxième temps, elle est rangée dans un album avec les photos des Moulouds précédents pour constituer une mémoire en direction des enfants.

A., 42 ans, femme au foyer et mère de 5 enfants : « J'emmène tous les enfants au studio à chaque Mouloud pour garder un souvenir des beaux habits que leur a acheté leur père [...] tu sais ils se chamaillent souvent, ils sont jaloux comme tous les enfants [...] avec ces photos ils vont se souvenir comment on les a habillés petits, c'est la preuve qu'on les a traités pareils [...] oui c'est la mémoire de leur enfance. » L'objectif ici déclaré étant que l'on souhaite que les enfants n'oublient pas qu'en tant que parents, on s'est bien occupé d'eux, et surtout de manière égale. Ainsi, les enfants de même sexe sont souvent vêtus,

---

[20] La sortie au studio des nouveaux mariés lors de la fête religieuse suivant les noces fait également partie des usages ritualisés de la photographie par les familles marocaines.
[21] En droit musulman, *nafaqa* désigne le devoir d'entretien – par le père – de l'épouse et des enfants en nourriture, vêtements, logement et soins médicaux. Il s'agit d'une obligation (*farīḍa*) d'origine coranique : « Au père de l'enfant incombe la subsistance et la vêture (des mères), de la manière reconnue (convenable) » (Verset 233 de la sourate II, in *Le Coran*, 1980, p. 64).

des pieds à la tête, de tenues complètement identiques ou quasi identiques (Figure 3, p. 100). Pour les parents, la photo du Mouloud constitue donc une preuve de bientraitance et du devoir parental accompli.

Lorsque la famille comporte un enfant unique, l'album photo du Mouloud fait l'objet d'un investissement affectif très important, notamment de la part des mères[22]. Gardienne de la mémoire visuelle de leurs enfants, les mères rangent le plus souvent l'album du Mouloud dans la chambre conjugale, au fin fond de leur armoire à linge. Ces photos sont soigneusement classées dans l'ordre chronologique afin de construire une sorte de mémoire de l'évolution de la croissance physique de l'enfant, du premier aïd de son existence au dernier Mouloud célébré (Figure 4, p. 105). Ces images prises annuellement à la même date font office de mémento visuel, un aide-mémoire qui permet aux mères de se rappeler comment leur enfant était à tel ou tel âge et de raviver le souvenir des joies passées.

Dans certaines situations dramatiques, l'album de l'enfant devient une trace douloureuse de l'évolution d'un handicap mental. C'est le cas pour S. (58 ans, femme au foyer, mère de M. enfant unique de 14 ans) qui a eu le courage de partager son album et de le commenter.

> « Sur cette photo M. était âgé de 6 ans, ici les signes du handicap sont devenus bien évidents [pleurs] j'ai peur de regarder les suivantes […] Je les sors que quand j'en ai besoin […] quand je l'emmène chez son médecin pour lui montrer qu'il est [traité comme] un enfant ordinaire, même si la réalité montre le contraire, mais malgré tout j'aime prendre soin de ses beaux souvenirs qui m'aident à me souvenir comment il était parce que ça allège ma souffrance chaque fois que je lis la pitié dans le regard de la famille ou des gens en général. »

---

[22] Un constat qui a également été fait dans les sociétés occidentales (Belleau, 1996 ; Favart, 2001 ; Jonas, 1991 ; Rose, 2010).

Figure 4. L'album du Mouloud : même enfant à trois périodes différentes de sa croissance

Crédit photos : enquête de 2010.

Au-delà de sa fonction de mémoire, l'album du Mouloud est également un bien symbolique que l'on constitue, année après année, pour l'enfant, et que l'on projette de lui léguer quand il sera plus grand. Ces archives enfantines sont un bien familial précieux, dont la composition, la garde et la transmission incombent à la mère de famille. Les femmes étant les principaux agents de la fabrique de la mémoire visuelle des enfants – de l'accompagnement au studio à la conservation des albums – on peut affirmer que la photographie enfantine est une pratique sexuée.

5. Photo du Mouloud, traditions vestimentaires et culture makhzen

Les fêtes religieuses, en particulier celles du Mouloud et de l'Aïd al-Fitr (fin du ramadan), sont pour les familles l'occasion d'initier et d'habituer leurs enfants au port de costumes traditionnels marocains (Figure 5, p. 106). La photo posée dans ces costumes est considérée comme la preuve qu'on les a bien élevés dans le respect de la tradition marocaine. Toutefois, le rituel photographique du Mouloud est plus qu'un simple moyen de perpétuation des traditions vestimentaires marocaines. C'est un puissant outil de diffusion de la culture Makhzen ou du moins le reflet de l'imprégnation de la pratique photographique par la symbolique makhzénienne.

Figure 5. La photo du Mouloud comme preuve de transmission des traditions marocaines

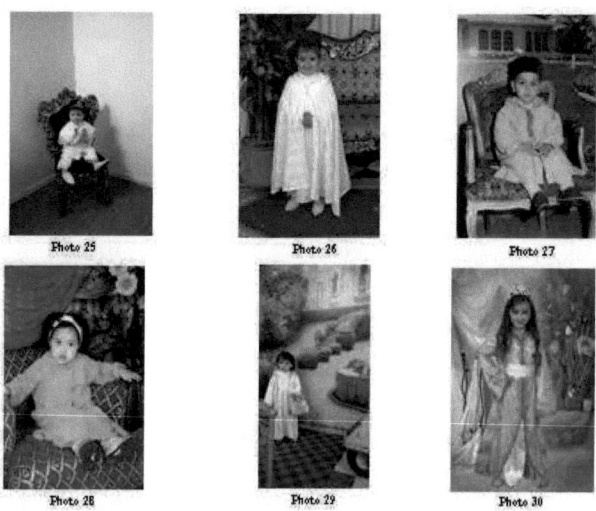

Crédit photos : enquête de 2010.

Au Maroc, le costume féminin et masculin était très variable d'une région à une autre, d'une ville à une autre et d'une tribu à une autre (Besancenot, 1940 ; 1953). La diversité des costumes traditionnels du Maroc est le reflet du pluralisme culturel, linguistique et confessionnel de la société marocaine. Sur le plan des pratiques vestimentaires, le pays a connu depuis l'indépendance une relative uniformisation, sans déperdition totale, dans le sens où les anciens costumes régionaux et tribaux persistent notamment à travers le folklore et le rituel vestimentaire des noces (*ləbas*)[23]. Parallèlement, un nombre limité de vêtements citadins se sont généralisés dans l'ensemble du royaume, comme composants essentiels du costume quotidien et/ou festif[24].

Ainsi, les tenues traditionnelles les plus récurrentes dans la photographie enfantine, étant vécues et représentées comme des marqueurs de l'identité marocaine, sont les costumes spécifiques aux populations des villes dites « impériales » et « citadines » (*ḥaḍariya*). Le statut de ville impériale est attribué à Fès, Marrakech, Meknès et Rabat qui ont tour à tour joué le rôle de capitale, où les sultans marocains faisaient, chaque année, des séjours fixés par le Protocole. Les villes citadines sont Fès, Rabat, Salé et Tétouan, lieux de refuge des exilés d'Andalousie et de Kairouan qui ont participé à leur rayonnement sur les plans politique, économique et culturel (Besancenot, 1940).

Concernant les tenues traditionnelles privilégiées dans la photographie enfantine, ce sont pour les garçons la tenue protocolaire (*maxzaniya*)[25] portée par le Roi et les agents du Makhzen, en certaines occasions solennelles

---

[23] Au cours de ce rituel vestimentaire (*ləbas* : littéralement le « vêtement »), la mariée porte successivement jusqu'à sept costumes nationaux et internationaux. Les costumes nationaux représentent la tradition vestimentaire des principales villes et régions du Maroc, tandis que les costumes étrangers exposent celle de pays arabo-musulmans (Maghreb et Moyen-Orient), de pays occidentaux (robe blanche), et même de l'Inde et du Pakistan. Pour une description de ce rituel vestimentaire, voir Azizi (2014 [1998]).

[24] La djellaba et les babouches pour les deux sexes, le *səlham* (cape) et le *jabaḍoṛ* (pantalon et tunique) pour les hommes, le *ləqmis* (robe) et la *təkciṭa* (double robe) pour les femmes.

[25] C'est-à-dire conforme aux normes fixées pour les costumes protocolaires portés aussi bien par les membres de la famille royale que par les agents du Makhzen et leurs épouses.

(rituels politiques et festivités religieuses)[26]. Ce costume, porté par l'enfant en photo 26 (Figure 5, p. 106), se compose d'une djellaba blanche, d'une cape immaculée (*səlham*), d'un tarbouch rouge (*fez*) et de babouches jaunes ou blanches. Pour les filles, il s'agit de la double robe en soie (*təkciṭa maxzaniya*) (Figure 5, Photo 30, p. 106), de la djellaba à la coupe et aux passementeries classiques, également dites *maxzaniya* (Figure 5, Photo 29, p. 106).

Aujourd'hui, les vêtements de base du costume citadin sont connus et appréciés comme des articles de mode, sur les podiums des *fashion weeks* nationales et internationales[27]. Cela est dû notamment aux travaux des grands couturiers marocains[28], qui depuis les années 60 ne cessent de revoir ces classiques, en introduisant des changements sages ou osés, au niveau de la coupe, du choix des tissus, des passementeries et des couleurs (Jansen, 2015). Par exemple, les couleurs de la djellaba (vert pastel) et des babouches (rouge vif) de l'enfant en photo 27 (Figure 5, p. 106) ne sont habituellement pas portées par les hommes[29], dont les couleurs de babouches sont plutôt le blanc et le jaune et dont les couleurs de vêtements sont le blanc ou dans des tons de brun ou foncé. De nos jours, le travail des grands de la mode marocaine a permis, d'une part, de féminiser certaines pièces de

---

[26] Ce costume protocolaire est porté notamment lors du rituel d'allégeance (*lbayɛa*) au Roi, de la fête du trône et des fêtes religieuses majeures.

[27] Depuis 2008, «Caftan du Maroc», l'événement annuel le plus prestigieux de la haute couture marocaine est régulièrement organisé aux quatre coins du monde : Amsterdam, Bruxelles, Dubaï, Londres, Los Angeles, Paris, Washington DC.

[28] Au sujet du rôle des couturiers marocains dans le développement d'une mode urbaine spécifiquement marocaine, voir la thèse de Jansen (2010).

[29] Le rouge vif est la couleur des babouches des femmes du Sous, alors que le vert de la même manière que la plupart des couleurs pastel ou vives sont considérées des couleurs féminines.

vêtements autrefois réservées aux hommes et, d'autre part, d'élargir la palette de couleurs des habits masculins à celles auparavant considérées comme féminines. On doit rappeler ici que l'exemple est donné au plus haut lieu, c'est-à-dire par le roi Mohamed VI en personne, passionné de mode autant marocaine qu'occidentale. En dehors du contexte des ritualités politico-religieuses traditionnelles, où le costume protocolaire immaculé est de rigueur pour le souverain comme pour ses sujets, Mohamed VI adopte et par son exemple donne une aura de légitimité aux tenues marocaines les plus colorées et les plus fantaisistes concoctées par les grands couturiers marocains[30].

L'imprégnation des pratiques photographiques par la culture makhzen et le modèle de la famille royale transparait également dans le choix du costume trois pièces occidental comme vêtement de la photo du Mouloud pour un grand nombre de petits garçons (Figure 6, p. 110).

La photo 26 (Figure 5, p. 106), aussi bien que les photos 33 et 36 (Figure 6, p. 110) représentent de très jeunes garçons vêtus tels des hommes de pouvoir. Leurs vêtements de pose étant l'habit cérémoniel ou quotidien du chef de l'État et des représentants du Makhzen à tous les échelons, du ministre au caïd, en passant par le député.

---

[30] À ce sujet, l'on doit signaler que Jansen (2010) analyse fort pertinemment le rôle des médias dans le développement d'une mode urbaine marocaine, sauf qu'elle ne prend pas en compte le rôle de leadership et de modèle des membres de la famille royale, dans la légitimation et la diffusion généralisée des nouvelles tendances du costume marocain.

Figure 6. **La famille royale : un modèle pour les photographes et les familles**

Crédit photos : enquête de 2010.

L'imitation par les photographes de studio du décorum de la photographie royale se reflète, de plus, dans le choix de la pose et des décors. Les photos 25 à 27 (Figure 5, p. 106), ainsi que la photo 37 (Figure 6, p. 110) comportent toutes un symbole majeur du pouvoir, à savoir un simili du trône royal ou une chaise à dorures similaire à celle près de laquelle la princesse Lalla Aïcha prend la pose pour la postérité (Figure 6, Photo 34, p. 110)[31]. De même, la posture debout que les photographes comme les mères imposent aux enfants rappelle celle des membres de la famille royale sur les photos officielles. Bien que

---

[31] Cette photo de la princesse a été prise au Palais, du vivant de feu Mohamed V. On note en arrière-plan le trône royal. Lalla Aïcha, sœur de feu Hassan II, a été retenu par l'histoire comme étant la première princesse alaouite dévoilée devant les photographes et les caméras du monde entier, lors de son discours de 1947, à Tanger.

maladroite, la pose des enfants dans les photos 35 à 37 (Figure 6, p. 110), main posée sur une chaise à dorures ou tout autre support est une imitation, voulue ou inconsciente, de la posture régalienne souvent adoptée par les princes et princesses alaouites durant les règnes de Mohamed V et Hassan II[32].

Il faut rappeler ici que l'histoire de la photographie au Maroc est intimement liée à la dynastie alaouite. Le Sultan Moulay Abd al-Aziz (1894-1908) est le premier Marocain à avoir été initié à l'art de la photographie par son instructeur anglais Gabriel Veyre dès 1901 (Veyre, 2009 [1905]). De plus, il est le premier sultan à en avoir autorisé la pratique et favorisé l'introduction et la diffusion au Maroc, à une époque où toute technologie ou objet provenant de l'Occident était considéré comme œuvre du diable, destinée à éloigner les musulmans du droit chemin. Par ailleurs, on lui doit nombre de portraits des femmes de son harem, photographiées à visage découvert, qui ont été publiées par des journaux européens tels que *Illustration* ou *The Illustrated London News* (Goldsworthy, 2009). Il a même initié ses courtisanes préférées à la photographie, qui selon le témoignage de Veyre étaient plutôt douées (Veyre, 2009 [1905]).

On peut à ce titre affirmer que la photographie au Maroc a une longue histoire (Moignard, 2010) et que la photographie familiale et enfantine résulte d'une longue, mais sûre appropriation de sa pratique et de son usage par toutes les franges de la société. À travers, la photo du Mouloud, on a pu déceler des indices de l'influence de l'imagerie royale sur la photographie de studio populaire.

---

[32] Il faut signaler ici que la photographie royale officielle est beaucoup moins rigide sous le règne de Mohamed VI. Ce dernier a fait de la photographie un vecteur de proximité avec ses sujets et un puissant outil de communication et de « gouvernance des esprits ».

6. Photographie enfantine, symbolique du mariage et construction des identités sexuées

Depuis la fin des années 2000, les photographes de studio en association avec des maîtresses de cérémonie (*nəggafat*) ont commencé à proposer des costumes de location pour la photographie du Mouloud, de l'Achoura et de la veille du 27ᵉ jour du ramadan. Au départ, la location de costumes marocains traditionnels était présentée et vécue comme une alternative permettant de pallier la difficulté des parents de fratries nombreuses à assumer ces dépenses vestimentaires à chaque fête.

Figure 7. **Photos du Mouloud en costumes de marié(e)s**

Crédit photo : enquête de 2010.

Toutefois, ce qui devait être une simple mesure économique a très vite évolué en une mise en scène vestimentaire de l'enfance, semblable au rituel vestimentaire des noces (*ləbas*). Similaire tout d'abord par le choix des costumes des filles comme des garçons qui sont des reproductions fidèles des costumes de location que les *nəggafat* font porter aux marié(e)s. Ces costumes représentent soit des marié(e)s marocain(e)s des principales régions et villes marocaines (Figure 7, Photos 38, 39, 41 et 42 ; p. 112), soit des costumes de marié(e)s étranger(e)s (Figure 7, Photos 40 et 43 ; p. 112).

En fait, l'influence de la symbolique du mariage sur la photographie enfantine est omniprésente. Les décors et les accessoires utilisés auparavant dans la composition de la photographie vont être remplacés notamment par les principaux supports du rituel matrimonial, en tant que symboles des noces : le palanquin (*lεamariya*), le trône des mariés et le cheval (Figure 8).

Figure 8. **Photos du Mouloud avec les accessoires de portage des marié(e)s**

Crédit photos : enquête de 2010.

La généralisation de la photographie des enfants déguisés en marié(e)s, assis sur un trône ou sur des accessoires de portage, s'accompagne d'un débordement de l'activité photographique dans l'espace public. Dans un premier temps, les photographes s'approprient timidement, puis de manière de plus en plus invasive les espaces limitrophes à leur studio (Figure 8, Photo 44, p. 113).

Dans un deuxième temps, les maîtresses de cérémonie toujours en association avec des photographes professionnels commencent à installer des tentes cérémonielles, dans les espaces publics les plus fréquentés, pendant les derniers jours du ramadan (Figure 9).

Figure 9. **Tente cérémonielle et accessoires du rituel photo vidéographique**

Crédit photo : Souad Azizi, enquête de 2010-2015.

À partir de là, la mise en scène vestimentaire des enfants va prendre une plus grande ampleur, dans le sens où l'imitation du rituel des noces va être poussée au-delà d'une simple photographie en costume de marié(e).

En plus d'une garde-robe bien fournie en toilettes nuptiales pour les filles et costumes traditionnels pour les garçons, les maîtresses de cérémonie proposent la teinture au henné[33], la photo vidéographie des fillettes sur un palanquin (Figure 10, Photos 57 à 60) et des garçons sur un cheval richement harnaché, teint au henné et monté par un jeune cavalier en costume de fantasia (Figure 11, Photos 61 à 64, p. 116).

Figure 10. **Photo vidéographie des petites filles sur le palanquin**

Crédit photo : Souad Azizi, enquête de 2010-2015.

Les enfants sont ainsi portés pour un tour sur la place publique, accompagnés de fanfares et de chorégraphies nuptiales, tandis que le photographe professionnel immortalise ce simulacre de noces (*təngaf*). Les objectifs déclarés de cette mise en scène costumée restent toujours

---

[33] Une table est spécialement dressée pour la teinturière (*nəqaca*) (Figure 9, Photo 45, p. 114) qui peint sur les mains des petites filles des motifs similaires à ceux des mariées.

le souhait de faire plaisir aux enfants et de constituer en photos et vidéos une mémoire de leur processus de croissance, année après année.

Que signifie donc cette infusion du rituel des noces dans la photographie enfantine ? Quelles fonctions sociales peut-elle bien remplir ?

Figure 11. **Photo vidéographie des garçons sur le cheval**

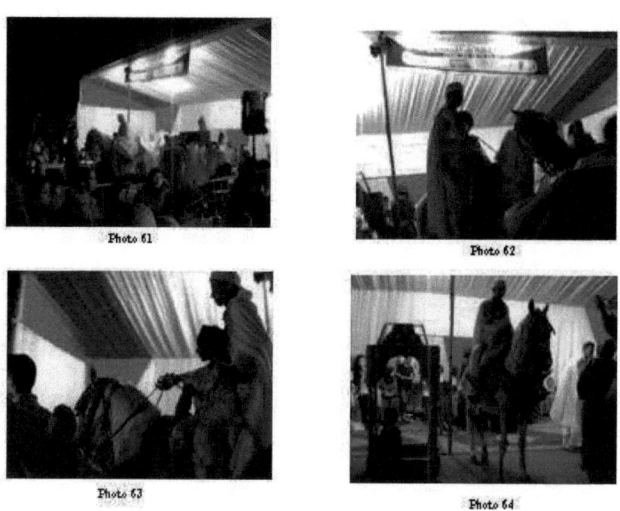

Crédit photo : Souad Azizi, enquête de 2010-2015.

7. Rituel vidéo photographique et inculcation de l'idéologie du mariage

On peut lire ce rituel photographique comme un instrument de socialisation participant à la construction des identités sexuées dans la petite enfance. L'assignation des identités féminine et masculine s'effectue par la panoplie de vêtements dont sont revêtus les enfants, aussi bien que par le choix de l'accessoire de portage : le palanquin pour les filles[34] et le cheval pour les garçons[35]. Ces deux supports du rituel photographique, à savoir l'animal et l'artefact, sont exposés côte à côte sous des tentes cérémonielles et les enfants orientés vers l'un ou l'autre, selon leur sexe.

En tant qu'accessoire rituel du mariage, le palanquin (*lεamariya*) a pendant des siècles été réservé exclusivement au portage de la mariée, notamment durant son passage de la maison paternelle à la maison conjugale. Aujourd'hui, le marié peut également être porté sur cet accessoire, durant le rituel vestimentaire (*ləbas*), la cérémonie d'exposition de la mariée dans sept costumes nuptiaux. Toutefois, le palanquin demeure un symbole de féminité[36], intimement lié à la figure de la mariée ; autrement dit, monter sur le palanquin reste toujours pour la jeune fille synonyme du devenir femme. Pendant le rituel photographique, seuls les plus petits garçons sont placés sur cet accessoire, le plus souvent pour y être photographiés avec leur sœur aînée habillée en mariée.

Contrairement au palanquin[37], dans la société traditionnelle, les usages du cheval ne se limitaient pas à ses fonctions rituelles. Utilisé exclusivement par les hommes[38] comme monture, au quotidien, en temps de

---

[34] Figure 8, Photos 47 à 50, p. 113 et Figure 10, p. 115.
[35] Figure 8, Photos 45 et 46, p. 95 et Figure 11, p. 116
[36] Dans les premières années de diffusion de ce modèle cérémoniel dans le Sud-ouest du Maroc, un grand nombre de mariés refusaient de monter sur la table ou le palanquin au motif que ce sont des accessoires féminins (Azizi, 2014 [1998]).
[37] Nous devons toutefois signaler que dans le Maroc précolonial, avant l'introduction de l'automobile, le palanquin était utilisé pour les déplacements furtifs des femmes de la haute bourgeoisie en visite dans leurs familles, et pendant les rares occasions où elles étaient autorisées par la coutume à quitter le domicile conjugal.
[38] Dans les communautés rurales ou urbaines ne faisant pas usage du palanquin, le seul jour où la femme (aveuglée par un voile) est placée

guerre, et durant la célébration des pèlerinages (moussems) ou autres fêtes communautaires, le cheval est un symbole de noblesse et de virilité[39]. Symbole de la royauté et du pouvoir chérifien en action, le cheval a pendant des siècles été le trône (ambulant) des Sultans du Maroc (Geertz, 1983). Dans les principaux rites de passage, le cheval est un support important du rituel de circoncision[40] et du mariage du jeune homme, la plupart des déplacements rituels du marié se faisant à dos de cheval. En particulier dans les régions et villes soumises à l'autorité politique du détenteur du trône, le cheval est l'instrument majeur d'un ensemble de rites propulsant le jeune marié au rang de sultan (*mulay səltan*) et donnant lieu à un simulacre d'intronisation[41].Tel qu'il est utilisé dans la photographie enfantine, le cheval est donc un symbole de masculinité, fortement associé à la figure du marié et reste un marqueur du devenir homme[42].

---

sur une jument conduite par son frère ou un parent proche est celui de son passage du domicile paternel au domicile conjugal.

[39] Contrairement aux autres pays du Maghreb où l'usage du cheval est en déperdition au quotidien tel que dans les occasions cérémonielles, la culture du cheval reste au Maroc une tradition bien vivante et la fantasia élevée au statut de patrimoine culturel participant à la construction de l'identité nationale et de l'image de marque du royaume dans la communication touristique. À ce sujet, voir Peyron (1997) et Talley (2015).

[40] On observe aujourd'hui, dans l'espace public urbain, une revivification et une généralisation de la coutume de faire un tour de cheval en fanfare aux petits garçons, juste avant l'opération de circoncision. Ce tour à cheval (*rekba*) donne également lieu à une prise d'images (photo et vidéo) réalisée par un artisan photographe.

[41] Pour des analyses anthropologiques de ces anciens rituels d'intronisation du marié, voir Raymond Jamous (1981) et Elaine Combs-Schilling (1989). Pour une analyse de l'évolution du thème de la royauté dans le rituel matrimonial contemporain, voir Azizi (2014 [1998]).

[42] Bien que la pratique ludique ou sportive du cheval ne soit plus exclusivement masculine et qu'aujourd'hui les troupes de femmes

Conclusion

Malgré son aspect ludique et bon enfant, le rituel photo vidéographique auquel sont régulièrement soumis les enfants est – de par le simulacre des noces auquel il donne lieu – un moyen de socialisation qui participe non seulement à la construction des identités sexuées dans la petite enfance, mais constitue également un processus rituel d'inculcation d'une idéologie du mariage aux petits Marocains à un très jeune âge.

On peut dire que la photographie enfantine telle qu'elle est aujourd'hui pratiquée par les familles marocaines révèle, d'une part, que le mariage reste une institution très valorisée et que les enfants sont préparés très tôt à se projeter dans les rôles sociaux d'époux et d'épouse. D'autre part, l'infusion du rituel vestimentaire des noces dans la photographie enfantine fait de cette dernière un vecteur de transmission de l'identité nationale marocaine et des symboles et valeurs de la royauté.

Pour clore cette étude, on peut se demander si la ritualisation de la photographie enfantine ne fonctionne pas comme un instrument de retraditionnalisation et de lutte collective contre le « fléau » du célibat avancé et une certaine remise en question de l'institution du mariage parmi les éléments les plus subversifs et individualistes de la jeunesse marocaine. Les recherches sociologiques les

---

soient devenues de sérieuses concurrentes des troupes masculines, sur les pistes poudreuses des moussems et festivals de fantasia. Au sujet des troupes de fantasias féminines, voir Talley (2015). Il faut par ailleurs ajouter que, depuis quelques années, certaines mariées exigent de faire leur première entrée dans l'espace cérémoniel à cheval. Une pratique jugée déplacée et moquée sur les réseaux sociaux où un grand nombre de photos et de vidéos de mariées tombant de cheval sont régulièrement mises en ligne. Les commentaires négatifs accompagnant ces vidéos montrent que le cheval est toujours fortement associé au masculin dans les représentations collectives.

plus récentes montrent que le nombre de mères célibataires, ainsi que le taux de célibat, choisi ou subi, sont en croissance constante, autant en milieu rural qu'en milieu urbain (Aboumalek, 2011 ; 2013 ; Cherkaoui *et al.*, 2002 ; Naamane-Guessous *et al.*, 2011). Par ailleurs, des mouvements, tels que le Mouvement alternatif pour les libertés individuelles ou les *Moroccan Outlaws*, militent pour les libertés individuelles et l'abrogation de l'article 490 du Code pénal criminalisant les relations sexuelles hors mariage. Cela n'est-il pas un clair indicateur que le rituel photographique constitue une sorte de refuge de l'idéologie traditionnelle du mariage ?

De même que l'on se doit de signaler qu'à l'heure actuelle les enfants eux-mêmes sont devenus les principaux concurrents des artisans photographes dans la production de photographies enfantines. En effet, de leur mise en contact avec des *smartphones* et des tablettes à un âge de plus en plus précoce, les enfants marocains sont pour la plupart rompus à la technique du *selfie* qu'ils maîtrisent de manière tout à fait intuitive, et bien mieux que leurs aînés. Aussi, on peut se demander si, dans un avenir proche, la libération de l'individu du poids de la soumission à l'inculcation ritualisée de valeurs et normes de comportements en conflit avec le vécu quotidien ne passera pas par la photographie de l'enfant par lui-même.

Références bibliographiques

ABOUMALEK, Mostafa. 2011. *L'ère de la débrouille. Étude sociologique sur le célibat en milieu rural*. Casablanca : Imprimerie Najah Al Jadida. 142 p.
– 2013. *L'ère des tribulations. L'aventure commune des célibataires casablancais*. Casablanca : Imprimerie Najah Al Jadida. 159 p.
ANRT (Agence Nationale de Réglementation des Télécommunications). 2015. *Enquête sur l'accès et l'usage des Technologies de l'Information et de la Communication par les*

ménages et les individus au Maroc en 2014. Juin. <http://www.anrt.ma/sites/default/files/Enquete_TIC_2014_fr.pdf>

AZIZI, Souad. 2012. *Formation d'une place à usages populaires multiples : De Bab el-Kasbah à la Place el-Massira (1900 à 2012)* [En ligne]. Exposition photographique, Colloque national « Mohammedia : de la Kasbah de Fedala au pôle urbain et industriel aux dimensions stratégiques ». FLSH de Mohammedia, 23 et 24 mai. 15 pl. <https://hal.archives-ouvertes.fr/halshs-01196765>

– 2014 [1998]. *Cérémonies de mariage en changement dans le Grand Agadir (Sous, Maroc)*. Lille : Atelier National de Reproduction des Thèses. 450 p., 29 pl., 58 ill.

BATCHEN, Geoffroy. 2008. « Les snapshots. L'histoire de l'art et le tournant ethnographique ». Trad. par Marine SANGIS. *Études photographiques* [En ligne]. N 22. <http://journals.openedition.org/etudesphotographiques/999>

BELLEAU, Hélène. 1996. Les représentations de l'enfant dans les albums de photographies de famille [En ligne], *thèse de doctorat en sociologie*, sous la dir. de Marianne KEMPENERS et Françoise R. OUELETTE. Montréal : Université de Montréal. 255 p. <https://central.bac-lac.gc.ca/item?id=nq26638&op=pdf&app=Library&oclc_number=1205582143>

BELARBI, Aïcha. 1991. *Enfance au quotidien*. Casablanca : Le Fennec.

BESANCENOT, Jean. 1940. *Costumes et types du Maroc*. Paris : Horizons de France. 62 p., 60 ill.

– 1953. *Bijoux arabes et berbères du Maroc*. Casablanca : Jacques Klein, La Cigogne. XV-19 p., 40 pl.

BOUASRIA, Leila. 2020. « Des grilles d'analyses socio-anthropologiques dans l'air du temps : Vers une nouvelle ère de famille ». *Hespéris-Tamuda*. Vol. 105, n 3, p. 325-349.

BOURDIEU, Pierre. (dir.). 1965. *Un art moyen : essai sur les usages sociaux de la photographie*. Paris : Minuit. 360 p. (coll. « Le sens commun »).

BOURDIEU, Pierre, BOURDIEU Marie-Claude. 1965. « Le paysan et la photographie ». *Revue française de Sociologie*. Vol. 6, n 2, p. 164-174.

CHALFEN, Richard. 2003 [1998]. « Interpreting Family Photography as Pictorial Communication ». p. 214-234. In : Jon PROSSER (éd.). *Image-based Research. A Sourcebook for Qualitative*

Research. Londres et New York: Routledgefalmer. 2ème imp. 328 p.
- 2015 [1987]. « La photo de famille et ses usages communicationnels ». Trad. de l'anglais par Jean-François ALLAIN. *Études photographiques* [En ligne]. N 32. <http://journals.openedition.org/etudesphotographiques/3502>

CHERKAOUI, Nadia, ZIRARI Hayat, RASSIFI, Mohamed. 2002. *Étude sur les mères célibataires et les enfants nés hors mariages dans la Wilaya de Casablanca* [En ligne]. Casablanca : Ministère de la Prévision Économique et du Plan. 97 p. <http://www.abhatoo.net.ma/maalama-textuelle/developpement-economique-et-social/developpement-social/societe/enfants/etude-sur-les-meres-celibataires-et-les-enfants-nes-hors-mariage-dans-la-wilaya-de-casablanca>

COLLIER, John. 1957. « Photography in Anthropology: A Report on Two Experiments ». *American Anthropologist*. N 59, p. 843-859.

COMBS-SCHILLING, M. Elaine. 1989. *Sacred performances. Islam, sexuality, and sacrifice*. New York : Columbia University Press. 377 p.

CONORD, Sylvaine. 2002. « Le choix de l'image en anthropologie : qu'est-ce qu'une "bonne" photographie ? ». *ethnographiques.org* [En ligne]. N 2. <http://www.ethnographiques.org/2002/Conord.html>

Coran (al-Qor'ân) (Le). 1980. Trad. de l'arabe par Régis BLACHÈRE. Paris : Maisonneuve et Larose. 748 p.

FAVART, Évelyne. 2001. « Albums de photos de famille et mémoire familiale : regards croisés de femmes de trois générations ». *Dialogue* [En ligne]. Vol. 4, n 154, p. 89-97. <http://www.cairn.info/revue-dialogue-2001-4-page-89.htm>

EL HARRAS, Mokhtar. 2006. « Les mutations de la famille au Maroc » [En ligne]. p. 105-129. In *Maroc, 50 ans de développement humain, Perspectives 2025*. <http://albacharia.ma/xmlui/bitstream/handle/123456789/31436/1>

FELLOUS, Michèle. 1991. *La première image. Enquête sur l'échographie obstétricale*. Paris : Nathan. 154 p.

GEERTZ, Clifford. 1983. *Local knowledge: further essays in interpretive anthropology*. New York: Basic Books Inc. 244 p.

GOLDSWORTHY Patricia Marie. 2009. Colonial Negatives: The Prohibition and Commodification of Photography in Sharifian and French Morocco [En ligne], *thèse de doctorat en histoire*, sous la dir. de Daniel J. SCHROETER et Sarah FARMER. Irvine : Université de Californie.

<https://www.proquest.com/openview/e76233f9bfe7498c7d6dd00 75e40358b/1?pq-origsite=gscholar&cbl=18750>

JAMOUS, Raymond. 1981. *Honneur et Baraka. Les structures sociales traditionnelles dans le Rif*. Cambridge/Londres/Paris : Cambridge University Press/Maison des Sciences de l'Homme. 303 p.

HIRSCH, Marianne. 1997. *Family Frames. Photography, Narrative and Postmemory*. Cambridge, MA et Londres : Harvard University Press. 304 p.

JANSEN, Maria Angela. 2010. Fashionably Traditional: The Development of Moroccan Urban Dress in the Last Five Decades [En ligne], *thèse de doctorat en anthropologie culturelle*. Leiden : Université de Leiden. 315 p.
<https://openaccess.leidenuniv.nl/handle/1887/14748>

– 2015. « Une modernité marocaine à travers la mode ». p. 476-482. In B. DUPRET, Z. RHANI, A. BOUTALEB et J.-N. FERRIÉ (dir). *Le Maroc au présent, d'une époque à l'autre, une société en mutation*. Rabat/Casablanca : Centre Jacques Berque/Fondation du Roi Abdul-Aziz Al Saoud. 1017 p. (coll. «Dialogue des deux rives»).

JONAS, Irène. 1991. « Mensonge et vérité de l'album de photos de famille ». *Ethnologie française* [En ligne]. Vol. 22, n 2, p. 192-195. <http://www.jstor.org/stable/40989258>

– 2008. « Portrait de famille au naturel. Les mutations de la photographie familiale ». *Études photographiques* [En ligne]. N 22.
<https://journals.openedition.org/etudesphotographiques/1002>

LANGFORD, Martha. 2001. *Suspended Conversations: The Afterlife of Memory in Photographic Albums*. Montréal: McGill-Queen's University Press. 256 p.

LAURETIS Teresa (de). 1987. *Technologies of Gender: Essays on Theory, Film, and Fiction* [En ligne]. Bloomington and Indianapolis: Indiana University Press. 151 p.
<https://keepysiblack.files.wordpress.com/2016/02/lauretis-teresa-de-technologies-of-gender-essays-on-theory-film-and-fiction.pdf>

MARESCA, Sylvain. 1996. *La photographie, un miroir des sciences sociales*. Paris : L'Harmattan. 266 p. (coll. « Logiques sociales »).

– 2004. « L'introduction de la photographie dans la vie quotidienne. Éléments d'histoire orale ». *Études photographiques* [En ligne]. N 15, p. 61-77.
<https://journals.openedition.org/etudesphotographiques//395?lang=en>

MOIGNARD, Marie. 2010. *Une histoire de la photographie marocaine*, Casablanca : Éditions Malika. 256 p.

NAAMANE GUESSOUS Soumia, GUESSOUS, Chakib. 2011. *Grossesses de la honte. Étude sur les filles-mères et leurs enfants au Maroc*. Casablanca : Afrique-Orient. 286 p.

PÂQUES, Viviane. 1971. « Les fêtes du mwūlūd dans la région de Marrakech ». *Journal de la Société des Africanistes* [En ligne]. Vol. 41, n 1. p. 133-143. <https://www.persee.fr/doc/jafr_0037-9166_1971_num_41_1_1687>

PEYRON, Michael. 1997. « Fantasia ». *Encyclopédie berbère* [En ligne]. Vol. 18, p. 2721-2727. <https://journals.openedition.org/encyclopedieberbere/2017>

PIETTE, Albert. 1992. « La photographie comme mode de connaissance anthropologique ». *Terrain* [En ligne]. N 18, p. 129-136. <https://journals.openedition.org/terrain/3039>

RACHIK, Hassan (dir.). 2005. *Rapport de synthèse de l'enquête nationale sur les valeurs : cinquantenaire de l'indépendance du Maroc* [En ligne]. Rabat. 97 p. <http://www.albacharia.ma/xmlui/bitstream/handle/123456789/31424/1199Enquete_nationale_sur_les_valeurs_%282006%29s.pdf?sequence=1>

RAPPER, Gilles (de). 2016. « De l'usage privé des apparitions publiques. La photographie de famille dans l'Albanie communiste (1944-1991) ». [En ligne]. p. 295-307. In : Jean-Pierre DIGARD, Benoit FLICHE et Christophe PONS (éd.). *Ethnologue, passionnément. Études offertes à Christian Bromberger*. Paris : Karthala. 444 p. <https://halshs.archives-ouvertes.fr/halshs-01327799>

– 2017. «La photographie de famille comme objet de recherche», *Science and Video* [En ligne], N 6. < https://halshs.archives-ouvertes.fr/halshs-01615496/document>

REYSOO, Fenneke. 1991. *Pèlerinages au Maroc. Fête, politique et échange dans l'islam populaire*. Paris/Neuchâtel : Maison des Sciences de l'Homme/Institut d'ethnologie. 277 p. (coll. « Recherches et travaux de l'Institut d'ethnologie »).

ROSE, Gillian. 2010. *Doing Family Photography. The Domestic, The Public and The Politics of Sentiment*. Farnham Ashgate. 158 p.

SEGALEN, Martine. 1981. *Amours et mariages de l'ancienne France*. Paris : Bibliothèque Berger-Levrault 175 p. (coll. « Arts et traditions populaires »).

SENFT, Theresa, M., BAYM, Nancy K. 2015. « What Does the Selfie Say? Investigating a Global Phenomenon ». *International Journal*

of Communication [En ligne]. N 9, p. 1588-1606.
<https://ijoc.org/index.php/ijoc/article/viewFile/4067/1387>
SOUDI, Karim. 2006. « Estimation du coût de l'enfant. Cas du Maroc ». p. 414-424. In : *Enfants d'aujourd'hui, diversité des contextes, pluralité des parcours* [En ligne]. Actes du colloque de Dakar, 2002. (s.l.) : Publications de l'Association Internationale des Démographes de Langue Française.
<https://www.erudit.org/en/books/actes-des-colloques-de-lassociation-internationale-des-demographes-de-langue-francaise/enfants-daujourdhui-diversite-contextes-pluralite-parcours-actes-colloque-dakar/001293co/>
TAHIRI, Abdelaadim. 2020. « Représentation sociale de l'enfant au Maroc ». *Cahiers de la Représentation* [En ligne]. N 4, p. 51-63.
<https://revues.imist.ma/index.php/cer/article/view/21364/11456>
TALLEY, Gwyneth Ursula Jean. 2015. Fantasia : Performing Traditional Equestrianism as Heritage Tourism in Morocco [En ligne], *mémoire de master en anthropologie*, sous la dir. de N. E. LEVINE and S. E. SLYOMOVICS. Los Angeles : Université de Californie. 63 p.
<https://escholarship.org/content/qt6s92s4ft/qt6s92s4ft.pdf?t=nv6eoq>
VEYRE, Gabriel. 2009 [1905]. *Dans l'intimité du Sultan : au Maroc (1901-1905)*. Casablanca : Afrique-Orient. 251 p.
ZIRARI, Hayat. 1994. « Des restes du sacrifice au désir d'enfanter : la Qadida ». *Annuaire de l'Afrique du Nord*. Vol. 33, p. 145-157.
ZOUBIR, Karima. 2012. *La Femme à la caméra (Camera/Woman)* [En ligne]. Documentaire, 59 min.
<https://www.youtube.com/watch?v=TJol4Xquh_8>

Partie II. Coutumes matrimoniales : instruments de domination masculine et d'exhérédation féminine

Chapitre 3. La compensation matrimoniale dans le mariage traditionnel chleuh

Dans ce texte est étudiée une pratique coutumière matrimoniale, l'*amarwas*, telle qu'elle se pratiquait couramment en pays chleuh (Sous) avant la déperdition des droits coutumiers des tribus au profit d'une plus grande pénétration du droit musulman.

Les tribus du Sous, notamment celles vivant à l'abri des montagnes, ont réussi à perpétuer leur droit coutumier jusqu'à l'aube du Protectorat. En matière de droit familial, ces tribus prêchent une obédience de principe au droit musulman (Montagne, Ben Daoud, 1927 : 440). Mais, dans la réalité, leur pratique des prescriptions coraniques, notamment en matière de mariage et de succession, est souvent teintée de dispositions coutumières.

Droit musulman et droit coutumier coexistent. La mise en vigueur de l'un ou l'autre modèle juridique dépend et sert, en premier lieu, des intérêts masculins. Car, qu'il soit musulman ou coutumier, le droit est le domaine exclusif des hommes et l'instrument de leur autorité sur les femmes. Ces dernières n'ont qu'une vague idée des règles musulmanes et coutumières qui régissent l'institution du mariage. À l'exception des femmes d'extraction maraboutique (Boumlik, 1996 : 163-166), la plupart des femmes du commun ne savent pas lire le Coran. Elles ne connaissent que le minimum de sourates requises pour prier. Certaines n'en comprennent même pas le sens. Orale ou écrite, la coutume n'est pas enseignée aux femmes. C'est là un savoir qui se transmet de bouche d'homme à oreille d'homme, dans l'enceinte de l'assemblée villageoise.

Dans les tribus du Moyen Atlas, la coutume donne à la femme le droit de fuir le foyer conjugal (Bertrand, 1977 : 96-110). Combinée au droit de répudiation de l'homme, cette disposition fragilise l'union conjugale. Aussi les divorces, sur l'initiative de l'homme ou de la femme, sont-ils très fréquents dans le Moyen Atlas. Chez les Aït Hadiddou (Haut-Atlas), le premier mariage de la femme *« est presque immédiatement suivi d'un divorce »* (Kasriel, 1989 : 132). Par contre, les tribus chleuhes de la plaine du Sous et de l'Anti-Atlas sont réputées pour leur faible taux de divorce. La répudiation est ici, plus qu'ailleurs, regardée comme un « mal licite » qu'il faut à tout prix éviter. Car une femme répudiée est une femme qui a subi l'épreuve du sang, une femme dont on ne peut plus contrôler le comportement sexuel, à moins de la cloîtrer. Par conséquent, elle constitue une perturbation potentielle de l'ordre social.

Le statut hautement positif des femmes monogames épouses d'hommes monogames, leur choix comme officiantes (*timɑ̂zwura*) dans les rites de mariage révèlent la forte valorisation de la monogamie primaire des deux conjoints (Azizi, 1998 : 82-83 et sq.). Dans les rites de mariage, les divorcés et les veufs sont écartés de toute fonction rituelle à l'égal de malades contagieux. La polygamie est ici exceptionnelle. Elle reste le privilège de quelques notables, et l'ultime recours en cas de stérilité ou de maladie de l'épouse. Le jour de la conclusion du mariage, les officiantes (*timɑ̂zwura*) déploient tout leur savoir magique pour protéger les mariés de tout contact avec la souillure des djinns, les sortilèges des jaloux ou la contagion des malchanceux (Azizi, 1998 : 123-132). De leur côté, les hommes mettent en œuvre des stratégies d'ordre plus pratique que magique, pour consolider l'union célébrée. Pendant la cérémonie de rédaction du contrat (Azizi, 1998 : 132-136), les deux témoins (adouls) demandent à chacun des deux pères d'exprimer à haute voix et de manière explicite son désir de contracter mariage au nom de son enfant, le montant de la compensation matrimoniale, ainsi que tout autre condition ou exigence. Le montant de cette compensation - ici dénommée *amɑrwas* - est porté sur l'acte écrit dont chacune des deux parties reçoit une copie.

De même que le « mariage arabe », le « mariage berbère » a souvent été assimilé à une transaction commerciale où le père « vend » sa fille à la famille de l'époux. La compensation versée par ce dernier est, en effet, considérée comme le « prix [d'achat] de la mariée ». Or nous sommes ici, dans le domaine chleuh, en présence d'un modèle d'alliance où le « prix de la mariée » n'est jamais versé au moment de la contraction du mariage, mais seulement en cas de répudiation.

Que signifie donc le retardement de l'*amɑrwas* ? Et en quoi ce paiement différé et conditionnel le différencie-t-il du « prix de la mariée », voire du *sadaq* (la compensation matrimoniale musulmane) ?

Mon hypothèse est que le retardement de l'*amɑrwas* constitue un facteur déterminant de la stabilité du mariage chleuh, à l'instar de la dotation de la fille (*lqimt*) (Azizi, 1998 : 134-135, 154-164).

Finalité du retardement de l'*amɑrwas*

Dans la plupart des régions du Maroc, le terme le plus couramment utilisé pour désigner la compensation matrimoniale est un dérivé dialectal (arabe ou berbère) du terme juridique *sadaq* (voir Tableau 1, p. 132).

Tableau 1 : **La compensation matrimoniale dans quelques localités du Maroc**

Localités/Région (Sources)	Terminologie	Variabilité	Date du versement	Mode de paiement
Aksimen & Imesguin/Sous (Azizi, 1998 : 152)	amḍrwas	non	répudiation	espèces
Aït Massa & Aït Milk/Sous (Azizi, 1998 : 152)	amḍrwas	non	répudiation	espèces/bien immobilier
Tazerwalt/Anti-Atlas (Modisk-Touiti, 1987 : 98)	šrod	oui	avant les noces	espèces
Aglu/Sous (Westermarck, 1921 : 62-63)	amḍrwas	non	répudiation	espèces
Amzmiz & Aït Tameldu/Haut-Atlas (Westermarck, 1921 : 61-62)	amḍrwas	non	non mentionnée	espèces/accessoires féminins/produits de bouche
Igliwa/Haut-Atlas (Westermarck, 1921 : 62)	amḍrwas	non	avant les noces	produits de bouche
Tanger (Salmon, 1904 : 275-276)	sadaq	oui	avant les noces	espèces/accessoires féminins
Andjra/Jbala (Westermarck, 1921 : 30-31, 64)	sadaq	oui	avant les noces	accessoires féminins
Aït Waryaghal/Rif (Hart, 1976 : 128-129)	sadaq	oui	avant les noces	espèces/accessoires féminins/produits de bouche
Aït Sadden/Beraber (a - Westermarck, 1921 : 37-40, 65 ; b - Trenga, 1917 : 229)	a) sadaq b) atig	oui	avant les noces	espèces
Aït Nder/Beraber (Marty, 1928 : 301, 487, 511)	frah	oui	avant ou après la consommation	espèces
Aït Ubahti/Environs d'Oujda (Westermarck, 1921 : 63)	sadaq	non	avant les noces	accessoires féminins
Hiaïna/Environs de Fez (Westermarck, 1921 : 64-65)	sadaq	non	avant les noces	espèces
Fez (Westermarck, 1921 : 63-64)	sadaq	oui	avant les noces	espèces/accessoires féminins/produits de bouche
Aït Waraïn/Environs de Taza (Westermarck, 1921 : 65-66)	sadaq	oui	avant les noces	espèces
Aït Intift & Zaïan/Moyen Atlas (Laoust, 1915 : 55-56)	sadaq	oui	avant les noces	espèces/accessoires féminins/produits de bouche
Ulad Bu Aziz/Doukkala (Westermarck, 1921 : 61)	sadaq	non	avant les noces	espèces
Azemmour (Le Coeur, 1933 : 139)	sadaq	oui	non mentionnée	espèces/accessoires féminins/produits de bouche

Dans le Sous, le terme *sadaq* est cantonné à l'écrit. Il est connu surtout des lettrés qui établissent les contrats de mariage. Dans le dialecte chleuh, le terme autochtone, *amərwas*[1], est le plus couramment usité pour désigner la compensation qui est consignée sur le contrat. Au-delà d'une simple différence lexicale, la compensation matrimoniale chleuhe semble se distinguer par des modalités de constitution et de paiement différentes de celles fixées par le droit musulman.

Pour bien saisir ce qui différencie l'*amərwas* du *sadaq* orthodoxe, il est nécessaire de faire un bref historique de cette institution islamique. En faisant le point sur la nature et la fonction du *sadaq*, nous serons plus à même d'une part de saisir la spécificité de l'*amərwas*, et d'autre part de comprendre comment cette compensation constitue un facteur de stabilité de la relation conjugale.

La compensation matrimoniale en droit musulman

Avant l'avènement de l'Islam, le prétendant (ou sa famille) versait au père de la jeune fille une compensation (en nature ou en espèces) appelée *mahr* ; et il remettait à cette dernière un « cadeau » (facultatif) nommé *sadaq*. Nombreux sont les auteurs qui ont considéré le *mahr* comme le « prix d'achat » de la personne de la mariée et assimilé le mariage arabe à une « vente » pure et simple (Fahmy, 1990 : 141 ; Jacques-Meunié, 1944 : 78-79 ; Salmon, 1904 : 276). Il est vrai que dans la société préislamique la femme jouissait d'une condition très précaire, aussi bien sous le toit paternel que sous le toit conjugal. Jeune fille, son père avait droit de vie et de mort sur elle. Ainsi, il pouvait spéculer sur son mariage en la

---

[1]. Ce terme est également utilisé par quelques groupes berbérophones du nord du Sous (voir Tableau 1, p. 132).

livrant au plus offrant. Veuve, l'institutionnalisation du lévirat[2] permettait à l'héritier de son défunt de la garder comme épouse, de la céder à un consanguin, ou de la marier à un prétendant de son choix moyennant une compensation (Mernissi, 1987 : 152).Néanmoins, si la conclusion du mariage prenait effectivement la tournure d'une transaction commerciale, ce n'est pas la femme qui était échangée contre des biens matériels. Les travaux anthropologiques sur cette prestation, communément appelée le « prix de la mariée » (*bride price*), ont montré qu'elle constitue pour l'époux le paiement de certains droits qu'il acquiert sur la femme et sa progéniture, tandis que pour le père elle représente un dédommagement pour les frais d'entretien de la fille, pour la perte de son potentiel de procréation, voire sa force de travail (Mair, 1974 ; 53-55).

Les principaux changements apportés par l'Islam à cette forme de mariage sont l'exigence du consentement de la mariée (El Bokhari, 1977 : 569), et sa consécration comme bénéficiaire de la compensation matrimoniale (*Le Coran*, 1980 : 63, 65-66, 104, 107, 109). Suite à cette modification du système contractuel du mariage, les termes *mahr* et *sadaq* vont, dans un premier temps, tendre à se confondre du fait que la mariée est devenue l'unique bénéficiaire des prestations du marié. 'Abd al 'Afi note judicieusement que le terme *mahr*, qui connote la

---

[2]. Le lévirat a également existé chez les tribus berbères, où le droit de la femme à l'héritage n'est pas respecté. La coutume veut que la veuve n'hérite pas. Elle retourne dans sa famille ; et ses enfants restent dans la lignée du père. La veuve mère de garçons ne peut rester auprès de ses enfants que si elle accepte de ne pas épouser un homme étranger à la lignée de son époux. Lorsqu'un des frères de son défunt est célibataire, le lévirat se présente alors comme « la solution miracle » (Lacoste-Dujardin, 1996 : 16 ; Alahyane, 1988 : 35-36) qui permet à la mère de rester auprès de ses enfants, tout en recouvrant un statut de femme mariée.

commercialisation du mariage, n'est jamais utilisé dans la Révélation et rarement dans les hadiths (1977 : 69). Les termes coraniques désignant la compensation versée à la femme sont *farida* et *sadaq*. Leur usage implique la volonté de donner une connotation morale et charitable au mariage. En effet, le terme *sadaq* est dérivé d'une racine qui couvre les acceptions suivantes : « fidélité », « vérité », « amitié », « charité » et « cadeau de mariage ». Quant au terme *farida*, il signifie « obligation » et « imposition de source divine ». Dans un deuxième temps, *mahr* est cantonné à l'écrit et désigne la somme totale stipulée, ainsi que la partie payable à terme. Quant au terme *sadaq*, il englobe aussi bien la partie payée au comptant que le cadeau du prétendant à sa future. Les jurisconsultes du Maghreb médiéval utilisent *sadaq* pour désigner la totalité de la compensation, *naqd* pour la partie payable au comptant, et *mahr* pour le reliquat (Idris, 1970 : 161).

En théorie, la femme acquiert donc le droit de disposer et de sa personne et de la compensation matrimoniale (*sadaq*). Dans la pratique, ces changements n'ont jamais été acceptés par les hommes qui, à toutes les époques et sous tous les cieux, ont mis en œuvre des stratégies pour léser impunément les femmes du droit de disposer de leur personne (Ascha, 1989 : 185-203), et du droit de recevoir une compensation conséquente au moment du mariage.

Les docteurs de la loi ont proposé deux interprétations de la désignation de la femme comme bénéficiaire de la compensation matrimoniale (Dib-Marouf, 1984 : 31-115). Pour ceux qui s'appuient principalement sur les prescriptions coraniques, il a pour finalité de libérer la femme de la spéculation des siens, et de lui assurer une source de revenu par le mariage. Par conséquent, elle est en droit de fixer elle-même le prix des services qu'elle accepte de rendre à l'époux, dont le plus important est la disponibilité de son corps comme instrument de jouissance et de procréation. Il semble que, dans les premiers temps de l'Islam, les femmes de Médine ont profité de ce droit nouvellement acquis pour exiger des sommes très importantes. Car, devant l'inflation exorbitante des compensations, Omar Ibn al Khattab[3] essaya de fixer un plafond maximum (Fahmy, 1990 : 142-143). La tradition rapporte qu'une femme lui fit abandonner ce projet par la simple récitation d'un passage coranique. Le verset en question laisse, en effet, entendre que la valeur du *sadaq* peut s'élever jusqu'à un quintal (d'or ou d'argent).

> « Si vous voulez changer une épouse pour une autre et (si) vous avez donné à l'une de (ces épouses) un qintâr, ne retenez rien de celui-ci (lors du divorce)! Pourriez-vous retenir cela (commettant ainsi) infamie [...] et pêché avéré ? » (*Le Coran*, 1980 : 107).

Les tenants de la seconde interprétation s'appuient sur la geste du Prophète pour affirmer que la finalité du changement de bénéficiaire était de réduire la compensation à un simple symbole, et ce faisant de purifier le mariage de toute connotation commerciale. Le hadith le plus fréquemment cité est le suivant : « La femme la plus belle par la bénédiction divine est celle qui est la plus belle de visage et la moins exigeante pour sa dot » (Pesle, 1936 : 114-115). De même qu'est souvent citée l'anecdote selon laquelle le Prophète aurait conclu le mariage d'un indigent, en contrepartie de la récitation de quelques sourates (El Bokhari, 1977 : 551-552).

Selon l'interprétation faite de la Révélation et de la geste mahométane, la compensation est donc considérée soit comme une garantie économique pour la femme, soit comme le versement symbolique d'une somme symbolique. Mais les deux approches concordent pour dire que la fonction du *sadaq* est de consacrer la passation du

---

[3]. Disciple du Prophète et second calife (634-644).

contrat, et de constituer un paiement du droit d'usage du corps de la femme qui rend licite l'acte sexuel initial (*nikah*). Aussi, en ce qui concerne le prix de la compensation, la plupart des juristes s'accordent-ils pour laisser sa valeur à la discrétion des actants. Seules les écoles malékite et hanéfite[4] permettent la fixation d'un minimum, tout en stipulant que la compensation « *doit être en rapport avec la condition de la femme et avec la situation de fortune du mari* » (Milliot, 1953 : 302). Quant au Code du Statut Personnel marocain (la *Moudawana*), il stipule que « *le sadaq ne comporte ni maximum, ni minimum* » (Maroc, 1996 : 51).

Par ailleurs, le silence de la Révélation sur un point essentiel tel que les modalités du versement du *sadaq* laisse aux actants une marge d'interprétation. Ceci a donné lieu à de notables variations d'application. Selon la geste mahométane, la femme est en droit d'exiger la fixation de son *sadaq* lors de la conclusion du mariage, et son versement avant la consommation[5]. Mais certains passages coraniques impliquent qu'un contrat est valide même sans stipulation du montant de la compensation, et que la consommation peut avoir lieu avant tout paiement (*Le Coran*, 1980 : 65-66, 109).

Cette apparente contradiction avec la geste mahométane donne lieu à deux interprétations de la nature de la compensation. Les Hanéfites la considèrent comme un « effet » (*hukm*) du mariage (Nasir, 1986 : 43), tandis que les Malékites y voient une « condition » (*rukn*) de sa formation (Kayrawani, 1914 : 116-118). Sans nous étendre

---

[4]. L'école juridique malékite a été fondée par Malik ibn Anas ; elle est prédominante dans le Maghreb. Tandis que l'école hanéfite qui a été fondée par le perse Abu Hanifa Nu'man ibn Thabit est prédominante dans l'État ottoman.

[5]. Dans les premiers temps de l'Islam, la totalité de la compensation était exigible dès la conclusion du mariage, et il était interdit au mari de stipuler un terme, pour son paiement. (Milliot, 1953 : 304).

sur les variations d'application que suscite- en cas de rupture de contrat (Nasir, 1986 : 48-49) - cette différence d'approche, retenons seulement que, quelle que soit l'école dont ils se réclament, les juristes considèrent comme vicié un contrat stipulant qu'aucune compensation ne sera versée (Maroc, 1996 : 43). Si, dans les premiers temps de l'Islam, il n'était pas permis de différer le paiement, par la suite, des modalités de versement plus souples ont été adoptées pour faciliter le mariage. Ainsi, dans tous les pays d'obédience malékite, dont le Maroc, il est admis que la moitié de la compensation ou sa totalité soit différée jusqu'à un terme fixé et stipulé sur le contrat (Borrmans, 1979 : 224). Toutefois, les premiers rédacteurs de la *Moudawana* ont réaffirmé la fonction de purification du *sadaq* en stipulant qu'un versement total ou partiel est exigible avant toute cohabitation du couple.

> Ancien texte : « Le paiement de la dot en partie ou en totalité est dû au moment où la consommation va avoir lieu. [...] L'époux ne peut exiger de son épouse la consommation du mariage, avant de lui avoir versé la partie échue de la do*t* *(sadaq)* » (Borrmans, 1979 : 224).

> Nouveau texte : « L'époux ne peut exiger de son épouse la consommation du mariage, avant de lui avoir versé la partie échue du *sadaq*. Celle-ci ne pourra être réclamée qu'à titre de créance et sans qu'il y ait lieu à dissolution du mariage par défaut de paiement lorsque la consommation aura eu lieu avant tout versement » (Maroc, 1996 : 51).

En cas de répudiation, la consommation du mariage donne à la femme le droit à la totalité de la somme stipulée. Si la rupture a lieu avant toute cohabitation, elle n'en reçoit que la moitié, mais en cas de prédécès de l'un des conjoints, la femme garde le droit à la totalité du *sadaq* (Borrmans, 1979 : 224 ; Nasir, 1986 : 49, 52-54). Ainsi, la compensation orthodoxe est étroitement liée à la consommation du mariage, du fait qu'elle est considérée comme le purificateur de l'acte sexuel initial.

Pour récapituler donc, selon l'école malékite et la *Moudawana*, le *sadaq* reste contractuel ; et son montant varie en fonction de la condition des deux parties. La fixation de sa valeur est une condition de validité du contrat de mariage ; et le versement d'une partie si infime soit-elle est requis avant la consommation du mariage. Aussi, dans la majeure partie du Maroc (voir Tableau 1, p. 132), le montant du *sadaq* est négocié avant la conclusion du mariage. Les facteurs de sa variabilité sont la condition sociale des deux familles, la beauté de la promise, son habileté pour les tâches ménagères et/ou artisanales et l'état de son hymen. Une partie de la somme stipulée est remise au père de la jeune fille avant la noce.

Ambiguïté de l'*amərwas*

Ce qui différencie l'*amərwas* chleuh du *sadaq* orthodoxe est premièrement la fixation de son prix et deuxièmement le retardement du versement de la totalité de son prix jusqu'à la répudiation. La coutume de chaque tribu ou fraction fixe un prix valable pour tous, indépendamment des différences de niveau de vie[6].

On pourrait m'objecter que l'école malékite permet la fixation d'un minimum, et que l'invariabilité de l'*amərwas* n'est pas en contradiction avec la geste du Prophète, qui a essayé de réduire le *sadaq* à un pur symbole. Ainsi, on pourrait penser que la fixation de l'*amərwas* le constitue en don symbolique, et qu'elle a pour finalité de prévenir une inflation préjudiciable aux

---

[6]. Une exception à cet usage a été notée chez les chérifs du Tazerwalt, dans l'Anti-Atlas. Ici, la compensation est dénommée *šrod*, les « conditions ». Son montant est négocié par les deux parties et son versement a lieu avant la célébration du mariage (Modisk-Touiti, 1987 : 98-99).

jeunes gens indigents. Or, le prix fixé par chaque droit coutumier est loin d'être un minimum. Dans certaines tribus (notamment les Aït Massa, les Aït Milk et les Iresmuken), il est d'usage de porter sur l'acte de mariage, en guise de compensation matrimoniale, un bien immeuble (maison ou terre) d'une valeur équivalente, voire supérieure à la valeur numéraire fixée.

Si l'invariabilité de l'*amǝrwas* numéraire prévient toute spéculation, et garantit une relative égalité de chance aux prétendants, en outre sa valeur est loin de le placer à la portée de toutes les bourses. Pour le comprendre, il faut situer l'*amǝrwas* chleuh dans son contexte socio-historique. Car, en raison du changement de l'unité monétaire et de sa forte dévaluation, un *amǝrwas* de dix réaux nous semble aujourd'hui dérisoire. Le réal étant devenu la plus petite unité monétaire du Maroc, dix réaux ne représentent plus que la moitié du dirham contemporain. Mais, dans la première moitié du siècle, un seul réal permettait l'achat d'un sac de pains de sucre. Dix réaux représentaient une somme assez importante pour permettre l'acquisition d'une vache et de son veau, voire un bien immobilier (parcelle ou maison). Par ailleurs, il faut prendre en considération le fait que, dans la société rurale à économie d'autosubsistance, le numéraire était fort rare. Une rareté qui s'explique aussi en partie par l'état de fréquente dissidence où se tenaient les tribus du Sous, et qui les isolait par conséquent des réseaux de circulation de la monnaie du Sultan. Même s'il n'est pas excessif, pour des paysans sans activité à rendement numéraire, l'*amǝrwas* coutumier représente une somme difficile à réunir.

Plus que l'invariabilité de l'*amǝrwas*, ce sont ses modalités de versement qui le différencient du *sadaq*. La compensation chleuhe semble complètement dissociée de la consommation du mariage. Lors de la rédaction du contrat, son paiement n'est exigé ni en partie, ni en totalité. L'*amɘrwas* est une dette[7] dont le remboursement ne devient exigible qu'en cas de répudiation, mais jamais en cas de veuvage. Or, le droit successoral musulman classe le reliquat du *sadaq* de la veuve dans le passif du de cujus, au même titre que ses autres dettes. En cas de veuvage, la totalité de la compensation est due à la femme même si le mariage n'a pas été consommé. Si c'est l'époux qui est décédé, le reliquat est remis à la veuve avant la liquidation de la succession. Si c'est la femme qui est décédée, il est déduit de la part du veuf et remis à ses héritiers (Nasir, 1986 : 49). Dans le Sous, le non-respect de cette règle découle d'un accord tacite entre donneurs et preneurs de femmes. Dans certaines tribus, son rejet est même explicitement notifié noir sur blanc. Ainsi, le droit coutumier (*azzɘrf*) des Ida Ou Mout (Aït Massa) stipule que « la femme ne peut demander le reliquat de sa dot, ni à son époux, ni à ses enfants après la mort de celui-ci » (Ben Daoud, 1924 : 54). Cela signifie, qu'à moins d'être sous le coup de la répudiation, la femme n'entre jamais en possession de sa compensation qui reste purement nominale. Ceci est contraire à l'esprit du droit musulman, où la compensation de la femme est considérée comme un purificateur de l'acte sexuel initial.

---

[7]. Dans le contexte quotidien, le terme signifiant « dette » est *tamɘrwast*, qui n'est autre que le féminin de *amɘrwas*. *tamɘrwast* désigne n'importe quel type de dette exceptée la compensation matrimoniale que seul le terme technique *amɘrwas* désigne. Toutefois, dans d'autres groupes berbérophones où le terme *sadaq* est en usage, c'est *amɘrwas* qui est utilisé dans le contexte des échanges matériels. C'est le cas chez les oasiens berbérophones de Figuig (sud du Maroc oriental), où le montant de la compensation matrimoniale est encore aujourd'hui fixé par la coutume à 100 Dh (environ 60 F), soit « une somme symbolique » (Saa, 1997-1998 : 85).

Que signifient donc le retardement de l'*amə̂rwas* et l'association de son paiement non pas à la contraction du mariage, mais à sa dissolution ?

Berque émet « l'hypothèse qu'il peut s'agir là d'un élément superposé, peut-être par voie d'autorité à une institution autochtone, dont on trouverait des survivances dans l'*asghurt* [don des accordailles], et où il ne serait encore qu'incomplètement fondu » (1955 : 345). À l'instar de Westermarck (1921 : 68, 70), Berque semble considérer la compensation versée à la famille de la femme comme la survivance d'un mariage par achat berbère. Or, l'acte de différer l'*amə̂rwas* laisse supposer qu'à l'origine aucune prestation matérielle n'était exigée. Nous ne disposons d'aucun document sur la nature contractuelle du mariage avant l'islamisation de l'Afrique du Nord. Aussi toute conjecture sur les relations de l'*amə̂rwas* avec une pratique autochtone antique est-elle vaine et arbitraire. Pour ma part, je l'appréhende, non pas comme une coutume antique, mais comme le fruit de l'adaptation d'une institution allogène, le *sadaq*, à une réalité et des besoins endogènes.

Que l'*amə̂rwas* ne soit pas versé avant la consommation du mariage ne veut aucunement dire, comme l'affirme Berque, qu'il est dissocié de la consommation du mariage et par là même éloigné de son rôle orthodoxe de purificateur canonique de l'acte sexuel (1955 : 334). Même s'il reste nominal, l'*amə̂rwas* garantit à l'homme l'exclusivité d'usage du corps de la femme. La preuve en est que la coutume fixe une somme inférieure pour la veuve et la divorcée. En cas de répudiation pour non virginité ou adultère, l'*amə̂rwas* est purement et simplement annulé. Par ailleurs, la femme qui prend l'initiative de rompre l'union perd également tout droit à compensation. Seule la femme sous le coup de la répudiation unilatérale, et dont le comportement sexuel est irréprochable, entre en possession de son *amǝrwas*.

Pour expliquer le paiement différé de l'*amǝrwas*, on peut avancer comme première raison la rareté du numéraire. Dans ces micro-sociétés à économie d'autosubsistance, les échanges se font plus en nature qu'en numéraire ; et les activités assurant un revenu liquide sont rares. Les jeunes gens sont mariés à un âge tendre, alors qu'ils sont encore sous tutelle, tant morale que matérielle, et ne disposent d'aucune fortune personnelle. Les frais de leurs noces sont totalement pris en charge par les pères. Les dépenses en faveur de l'établissement des enfants sont considérées comme des aumônes. En droit musulman, le père ne peut demander à un fils enrichi de lui rembourser les frais de sa noce (Kayrawani, 1914 : 169). Mais certains droits coutumiers chleuhs prévoient que, si le père a fait dresser un acte des dépenses occasionnées par le mariage d'un fils, à sa mort, les frères de ce dernier auront le droit de lui en réclamer le remboursement (Ben Daoud, 1924 : 78).

Le report de l'*amǝrwas* facilite donc le mariage précoce des jeunes gens désargentés. Dès que l'union est consommée, l'*amǝrwas* est sous l'entière responsabilité de l'époux qui ne peut répudier sa femme que s'il est en mesure de s'en acquitter par ses propres moyens, ou s'il obtient le soutien financier de ses proches. Car le père et les agnats du jeune homme se portent garants de ses actes ; et ils s'engagent à l'empêcher d'user frivolement de la répudiation.

La deuxième raison du retardement de l'*amǝrwas* est justement l'exercice d'un certain contrôle sur le pouvoir unilatéral de répudiation de l'époux. Ce dernier peut à tout moment rompre l'union sans justifications, sans témoins et sans recours à la justice (Borrmans, 1977 : 208 : Amar, 1908 : 399-401). La répudiation est un acte privé qui ne nécessite que la prononciation de certaines formules. Mais l'époux désargenté qui a, sous le feu de la colère, prononcé la formule de répudiation et renvoyé sa femme, reprend ses esprits et cette dernière, dès que son beau-père exige le versement immédiat de l'*amərwas*. Cette dette matrimoniale fonctionne donc comme une garantie contre l'usage arbitraire et abusif de la répudiation unilatérale.

Lorsque c'est un bien immeuble qui est notifié sur le contrat, l'*amərwas* acquiert une force de dissuasion encore plus grande. Le père du jeune marié donne à sa bru, à titre de compensation, soit une propriété individuelle (parcelle ou maison), soit une part de l'héritage de son fils. Si le bien offert est en indivision entre le marié et ses frères, « il sera tenu, le jour du partage avec ses cohéritiers, de faire figurer la part de sa femme dans la liquidation de succession, à moins qu'il ne veuille en rembourser le montant à ses frères » (Ben Daoud, 1924 : 78). Le droit coutumier des Ida Ou Mout (Aït Massa) stipule que si la propriété donnée par le père à sa bru est source de litige, c'est au marié, et à lui seul, de supporter les frais du procès. La conservation de l'*amərwas* immeuble en l'état où il a été donné est son entière responsabilité. S'il s'agit d'un terrain placé en antichrèse avant sa dévolution à la bru, le père n'est plus responsable du remboursement de la créance. En cas de réclamation du créancier, le fils marié doit protéger le bien de sa femme en s'acquittant de la dette contractée par le père. En cas de contestation du droit de propriété de ce dernier et de perte du bien qu'il a dévolu à sa bru, « le mari devra (le) racheter pour sa femme ou lui verser la dot en espèces » (Ben Daoud, 1924 : 80).

La tradition de l'*amərwas* immeuble des mains de l'époux à celles de l'épouse n'ayant lieu, comme celle de l'*amərwas* numéraire, qu'en cas de répudiation, l'homme et/ou sa famille en conserve l'usufruit aussi longtemps que le couple reste uni. Cette compensation différée fonctionne comme une créance hypothécaire.

Prenons le cas de l'homme dont le père a engagé une part d'héritage. Tant que le père est vivant, il ne peut répudier son épouse. Car il ne peut pas entrer en possession du bien sans l'aval de ce dernier. De même, le décès du père ne résout pas le problème, si le patrimoine est en indivision, ou si ses frères refusent à l'ex-épouse le statut de copropriétaire. Ces derniers peuvent exiger le rachat de la part dévolue à leur belle-sœur, tandis que cette dernière est libre de refuser un versement liquide. Encore plus que la créance liquide, l'*amə̂rwas* immeuble constitue pour la femme une solide assurance contre la répudiation.

Si la coutume n'exige le paiement de l'*amə̂rwas* qu'en cas de répudiation, l'époux peut - s'il le désire et s'il en a les moyens - s'acquitter de cette dette dans le cours de la vie conjugale. Le versement se fait le plus souvent en nature selon les moyens de l'intéressé (bijoux, bête à cornes ou bien immeuble). Un tel acte est considéré d'une part, comme une manifestation de tendresse et d'autre part, comme une preuve de piété et de virilité. L'acquittement de l'*amə̂rwas* sans répudiation est surtout le fait d'hommes plaçant le respect des prescriptions du droit musulman au-dessus des dispositions coutumières de leur groupe. C'est une preuve de tendresse dans le sens où l'homme est sensible à l'injustice faite à la femme qui ne reçoit pas sa compensation en cas de pré-décès de l'époux. C'est donc pour prévenir une telle injustice qu'il s'en acquitte de son vivant. Cet acte est également une preuve de piété dans le sens où il est une reconnaissance et un respect d'un droit accordé à la femme par la Révélation. Enfin, il est une preuve de virilité, car l'homme vrai est celui qui ne « mange » pas des biens de sa femme, et qui est respectueux de ses devoirs envers elle.

On dit de l'homme qui s'est acquitté de l'*amərwas* : « Il l'a ôté de son cou ». Cette expression révèle que la dette matrimoniale est ressentie par l'homme comme un joug ou un fardeau pesant. Il faut aussi relier cette formule à la notion de péché. On croit qu'au jour du Jugement les dettes du questionné pèsent comme autant de poids sur sa nuque. Il flotte donc une aura d'illicite autour de l'*amərwas* perpétuellement différé.

Si l'homme peut s'acquitter de l'*amərwas* quand il le souhaite, par contre, la femme ne peut le réclamer que s'il y a eu dissolution du mariage contre son gré. D'une part, la coutume le lui interdit (Ben Daoud, 1924 : 54). D'autre part, ce type de revendication est très mal vu. Le mari peut l'interpréter comme l'expression d'un désir de séparation. Or, à moins qu'elle ne désire réellement reprendre sa liberté, la femme a tout intérêt à demeurer dans une position de créancière. L'époux, quitte de sa dette, peut à tout moment user de son pouvoir de répudiation, sans même lui en faire part. En effet, il était très courant qu'une épouse reçoive l'acte de répudiation, sans que son mari lui ait dévoilé ses intentions verbalement. Or, le droit islamique exige la formulation de l'intention de répudiation pour valider la dissolution du mariage. De tels abus ne sont plus aujourd'hui possibles grâce à la modification apportée à l'article 48 de la *Moudawana* par le dahir du 10 septembre 1993. L'article amendé stipule que « la répudiation doit être reçue par deux adouls en fonction dans le ressort territorial de la compétence du juge où se trouve le domicile conjugal » et que « la répudiation ne sera enregistrée qu'en la présence simultanée des deux parties et après autorisation du juge » (Maroc, 1996 : 71)[8].

---

[8]. Toutefois, si l'épouse reçoit la convocation et qu'elle ne se présente pas, le divorce peut être prononcé en son absence si le mari maintient sa décision de répudier.

Le retardement de l'*amárwas* est donc une mesure coutumière injuste envers la femme dans la mesure où elle constitue un détournement de la loi islamique qui la prive du droit de recevoir une compensation matrimoniale, avant la consommation du mariage et en cas de veuvage. Dans le même temps, en limitant l'usage du droit de répudiation de l'époux, cette mesure lui garantit une vie matrimoniale stable. Aussi l'*amárwas* est-il à la fois l'instrument de la soumission des femmes à la loi masculine et l'instrument de leur protection contre certains usages abusifs du droit masculin à la répudiation unilatérale.

En guise de conclusion, on peut dire que l'institution de l'*amárwas* est révélatrice de l'ambiguïté qui préside à l'élaboration du droit patriarcal, qu'il soit islamique ou coutumier. Ambiguïté qui tient au fait que le législateur peut tour à tour se trouver dans la position de l'époux qui essaye d'asseoir sa prédominance sur la femme rapportée (l'épouse), ou dans celle du père qui tente d'assurer la sécurité de sa progéniture féminine. Mais, en garantissant la stabilité de l'union, le retardement de l'*amárwas* sert également à maintenir la femme sous la tutelle constante de l'époux. Ainsi, les femmes des plaines du Sous et de l'Anti-Atlas ne peuvent recourir à un « premier mariage/divorce » pour s'émanciper de la tutelle paternelle et se choisir un autre époux comme c'est le cas chez les Aït Haddidou du Haut-Atlas Central (Kasriel, 1989 : 134-138).

Références bibliographiques

ABD AL 'AFI, Hammudah. 1977. *The family structure in Islam*. Préf. de M. BERGER. Brentwood, Md. : American Trust Publications. XI-360 p.

ALAHYANE, Mohammed. 1988. « Mutations socioculturelles et statut de la femme en Anti-Atlas Occidental ». p. 31-40. In :

COLLECTIF. *Femmes partagées famille-travail*. Casablanca : Le Fennec. 260 p. (coll. « Approches »).
AMAR, Émile. 1908. « La pierre de touche des fétwas de Ahmad Al-Wanscharîsi. CHOIX de consultations juridiques des Faqîh du Maghreb ». *Archives Marocaines*. N°12, p. 364-437. Paris : Ernest Leroux.
ASCHA, Ghassan. 1989. *Du statut inférieur de la femme en Islam*. Paris : L'Harmattan. 238 p.
AZIZI, Souad. 1998. Cérémonies de mariage en changement dans le Grand Agadir (Sous, Maroc), *thèse de doctorat en anthropologie sociale et ethnologie*, sous la dir. de Camille Lacoste-Dujardin. Paris : E.H.E.S.S. 450 p., 29 pl., 58 ill.
BEN DAOUD, Mohammed. 1924. « Recueil du droit coutumier de Massa. Exemplaire des Ida Ou Mout ». *Hespéris*. N°4, p. 49-83. Paris : Librairie Larose.
BERQUE, Jacques. 1955. *Les structures sociales du Haut Atlas*. Paris : P.U.F. 469 p.
BERTRAND, André. 1977. La famille berbère au Maroc Central : une introduction aux droits coutumiers nord-africains, *thèse de 3ème cycle en anthropologie sociale et ethnologie*, sous la dir. de Jacques Berque. Paris : École des Hautes Études en Sciences Sociales. 200 p.
BORRMANS Maurice. 1977. *Statut personnel et famille au Maghreb de 1940 à nos jours*. Paris/La Haye : Mouton. 708 p.
– 1979. *Documents sur la famille au Maghreb de 1940 à nos jours*. Rome : Instituto per l'Oriente. 437 p.
BOUMLIK, Habiba. 1996. Igurramn et tigurramin. Une communauté religieuse berbère au Maroc. Transmission du savoir religieux et thérapeutique, *thèse de 3ème cycle en Ethnologie*, sous la dir. de Paul Erny. Strasbourg : Université des Sciences Humaines. 375 p.
Coran (al Qorân) (Le). 1980. Trad. de l'arabe par Régis BLACHÈRE. Paris : Maisonneuve et Larose. 748 p.
DIB-MAROUF, Chafika. 1984. *Fonction de la dot dans la cité algérienne. Le cas d'une ville moyenne : Tlemcen et son Hawz*. Alger : Office des Publications Universitaires. 387 p.
EL BOKHARI. 1977. *Les traditions islamiques*. Tome 3. Trad. de l'arabe par Octave HOUDAS et William MARÇAIS. Paris : Librairie d'Amérique et d'Orient/Adrien Maisonneuve. 700 p.
FAHMY, Mansour. 1990. *La condition de la femme dans l'Islam*. 2ème éd. Belgique : Allia. 188 p.
HART, David Montgomery. 1976. *The Aïth Waryaghar of the Moroccan Rif. An ethnography and history*. Tucson, Ariz. : The University of Arizona Press. 556 p.

IDRIS, Hady Roger. 1970. « Le mariage en Occident musulman. D'après un choix de fatwas médiévales extraites du Mi'yar d'Al-Wanšariši ». *Studia Islamica*. N°32, p. 157-167. Paris : Librairie Larose.

JACQUES-MEUNIÉ, Dominique. 1944. *Le prix du sang chez les Berbères de l'Atlas*. Paris : Imprimerie Nationale. 113 p.

KASRIEL, Michèle. 1989. *Libres femmes du Haut-Atlas ? Dynamique d'une micro-société au Maroc*. Paris : L'Harmattan. 253 p. (coll. « Histoire et Perspectives Méditerranéennes »).

KAYRAWANI, Ibn Abou Zeyd. 1914. *Risala ou Traité abrégé de droit malékite et morale musulmane*. Trad. de l'arabe par Edmond FAGNAN. Paris : Librairie Paul Geuthner. 294 p.

LACOSTE-DUJARDIN Camille. 1996 [1985]. *Des mères contre les femmes. Maternité et patriarcat au Maghreb*. $2^{\text{ème}}$ éd. Paris : La Découverte. 350 p. (coll. « Poche »).

LAOUST, Émile. 1915. « Le mariage chez les Berbères du Maroc ». *Archives Berbères*. Vol.1, n°1, p. 40-76. Paris : Ernest Leroux.

LE CŒUR, Capitaine. 1933. « Les rites de passage d'Azemmour ». *Hespéris*. Vol. 4, n°2, p. 129-142. Paris : Librairie Larose.

MAIR, Lucy. 1974. *Le mariage : Étude anthropologique*. Trad. de l'anglais [*Marriage*] par Marie MATIGNON. Paris : Petite Bibliothèque Payot. 235 p.

MAROC. 1996. *Moudawana. Code de Statut Personnel et des Successions*. Édition synoptique franco-arabe par François-Paul BLANC et Rabha ZEIDGUY. Rabat : Sochepress-Université. 236 p. (coll. « Textes et Documents Juridiques »).

MARTY, Paul. 1928. « L'Orf des Beni M'Tir ». *Revue d'Études Islamiques*. Vol. 2, n°4, p. 481-511. Paris : Librairie Paul Geuthner.

MERNISSI, Fatima. 1987. *Le harem politique. Le Prophète et les femmes*. Paris : Albin Michel. 293 p.

MILLIOT, Louis. 1953. *Introduction à l'étude du droit musulman*. Paris : Recueil Sirey. 822 p.

MODISK-TOUITI, Keltoum. 1987. « Femmes, mariage et héritage chez les Sorfa du Tazerwalt (Maroc) ». p. 89-102. In : Marceau GAST (éd.), *Hériter en pays musulman. Habus, "lait vivant", manyahuli*. Paris : C.N.R.S. 302 p.

MONTAGNE, Robert, BEN DAOUD Mohammed. 1927. « Documents pour servir à l'étude du droit coutumier du Sud Marocain ». *Hespéris*. N°7, p. 401-445. Paris : Librairie Larose.

NASIR, Jamal J. 1986. *The islamic law of personal status*. London : Graham & Trotman Ltd. 328 p.

PESLE, Octavio. 1936. *Le mariage chez les Malékites de l'Afrique du Nord*. Rabat : F. Moncho. 232 p.

SAA, Abdelkrim. 1997-1998. Parenté et émigration externe des oasiens de Figuig (sud du Maroc oriental), *thèse de 3ème cycle en anthropologie sociale et ethnologie*, sous la dir. de Camille Lacoste-Dujardin. Paris : École des Hautes Études en Sciences sociales. 303 p.

SALMON, Georges. 1904. « Les mariages musulmans à Tanger ». *Archives Marocaines*. Vol. 1, n°2, p. 273-289. Paris : Ernest Leroux.

TRENGA, Georges. 1917. « Contribution à l'étude des coutumes berbères ». *Archives Berbères*. Vol. 2, n°3, p. 219-248. Paris : Ernest Leroux.

WESTERMARCK, Edward. 1921. *Les cérémonies de mariage au Maroc*. Trad. de l'anglais [*Marriage ceremonies in Morocco*] par Jeanne ARIN. Paris : Ernest Leroux. 394 p.

Chapitre 4. *Lqimt* (la dot), système de transmission des biens dans les relations matrimoniales dans le Sous

Une pratique coutumière chleuhe, la dotation de la fille au moment du mariage (*lqimt*)[1] est ici étudiée dans son occurrence traditionnelle, c'est-à-dire telle qu'elle était pratiquée en zone urbaine comme en zone rurale avant que ne s'enclenche le processus de déperdition des coutumes traditionnelles au profit de l'adoption des pratiques des villes du Nord du pays (Azizi, 1998).

Avant d'examiner le rôle que jouent les biens apportés par la mariée chleuhe dans le système de transmission des biens ainsi que leur rôle dans la stabilité de l'union conjugale, il est nécessaire au préalable de considérer en quoi la coutume du Sous se distingue, en ce domaine, de celle d'autres régions.

Spécificité des biens de la mariée chleuhe

La cérémonie au cours de laquelle est évalué et consigné l'apport dotal de la mariée chleuhe a lieu après la rédaction du contrat de mariage, en présence des témoins rédacteurs (adouls) et des parents des deux parties, notamment leurs agnats. Tous les biens que la mariée va emporter du domicile paternel sont exposés un par un

---

[1]. *lqimt* : Ce terme chleuh dérive de l'arabe *qima* qui signifie « prix », « valeur (d'une chose) ». Il désigne la cérémonie d'évaluation des biens que la fille chleuhe emporte de la maison paternelle en se mariant, l'ensemble de ces biens, ainsi que leur valeur totale. Je traduis donc *lqimt* par « dot » lorsqu'il désigne l'apport de la mariée, et par « évaluation de la dot » lorsqu'il désigne la cérémonie.

devant les adouls. Les agnats de cette dernière annoncent le prix de chaque article, prix que les agnats du marié contestent aussitôt s'ils l'estiment trop élevé. Les adouls établissent un répertoire dans lequel ils classent les objets d'après leur nature, avec en vis-à-vis les prix convenus par les deux parties. Ensuite, ils calculent et notent leur valeur totale. Plus tard, ils rédigent un acte qui est enregistré au tribunal et contresigné par le cadi. Cet acte, officiellement appelé *al žihaz* (trousseau), est dénommé *lkaɛd l-lqimt* (le « papier » de la dot) dans le parler berbère du Sous (*tašǝlhit*)[2].

Dans tout le Maroc, en zone urbaine comme en zone rurale, dans les milieux aisés comme dans les milieux modestes, le père se doit de pourvoir sa fille de quelques biens au moment du mariage (Linant de Bellefonds, 1965 : 247). Mais l'évaluation de ces biens, et l'établissement d'un acte adoulaire certifiant leur valeur individuelle et totale, ne sont pas des coutumes générales. Ces pratiques sont en usage surtout dans les milieux bourgeois des villes du Nord du pays (Meakin, 1902 : 368 ; Salmon, 1904 : 278, 283), ainsi que chez les Israélites marocains (Leibovici, 1986 : 231-232). Peu de tribus berbérophones les pratiquent de façon aussi systématique que celles du Sous.

La plupart des groupes berbérophones et arabophones du nord du Sous utilisent une terminologie qui ne dénote pas l'idée d'évaluation (voir Tableau 2, p. 153). Dans les groupes arabophones, ces biens sont le plus souvent désignés par un dérivé dialectal du terme littéraire *al žihaz*, « trousseau », ou par le terme *šwar* (ou *šura*) qui désigne plus spécifiquement le mobilier. Quant aux groupes berbérophones, ils utilisent soit un dérivé de *al žihaz*, soit un terme berbère.

---

[2]. Pour une description détaillée des rites pratiqués par les femmes pendant ces cérémonies masculines, voir Azizi, 1998 : 132-137.

Tableau 2 : **Les biens de la mariée dans diverses localités**[1]

Localités (Sources)	Biens de l'épousée	Fournisseurs	Débiteurs
Aït Haddidou (Bertrand, 1977 : 79)	*tazuzift*	père de la fiancée	père de la fiancée
Aït Atta & Aït Morrhad (Bertrand, 1977 : 79)	non mentionné	père de la fiancée	père de la fiancée
Zaïan (Bertrand, 1977 : 78 ; Aspinion, 1937 : 115)	*aruku*	père de la fiancée	père de la fiancée
Iqar'iyen (Jamous, 1981 : 246)	non mentionné	père de la fiancée	fiancé
Ulad Bu 'Aziz (Westermarck, 1921 : 74-75)	*dhaz*	fiancé	fiancé
Aït Tameldu (Westermarck, 1921 : 75, 76)	*nnoqra, liqqâma*	fiancé, père de la fiancée	fiancé, père de la fiancée
Andjra (Westermarck, 1921 : 76)	*šwar*	père de la fiancée	père de la fiancée
Habt (Michaux-Bellaire, 1911 : 128)	*chouar*	père de la fiancée	fiancé
Seksawa (Berque, 1955 : 341-342)	*aruku*	père de la fiancée	père de la fiancée
Fez (Westermarck, 1921 : 75-76)	*šwar*	père de la fiancée	fiancé et père de la fiancée
Aït Waryaghar (Hart, 1976 : 129)	*ajhaj*	père de la fiancée	fiancé et père de la fiancée
Tanger (Salmon, 1904 : 276, 278, 283)	*chouár*	père de la fiancée	fiancé, père de la fiancée et autres parents
Marrakech (Azizi, 1998)	*šura*	père de la fiancée	fiancé et père de la fiancée
Idaw Martini (El Alaoui, 1991 : 158-159)	*lqimt*	père de la fiancée (mère ou frère)	père de la fiancée (mère ou frère)
Tazerwalt (Modisk-Touiti, 1987 : 98-99)	non mentionné	père de la fiancée	fiancé et père de la fiancée
Plaine du Sous et Anti-Atlas (Azizi, 1998)	*lqimt*	père de la fiancée	père de la fiancée et autres parents

---

[1]. La transcription originale des auteurs cités est conservée.
Chez les Zaïan, en cas d'indigence du père de la fiancée, le trousseau est fourni et payé par le fiancé (Bertrand, 1977 : 78 ; Aspinion, 1937 : 115).

Les ethnographes traduisent par « trousseau » les dérivés dialectaux de *al žihaz* ainsi que les autres termes locaux, indépendamment de toute considération de l'identité du débiteur des biens que ces termes désignent. Si l'on se réfère à son acception littéraire, *al žihaz* ne peut s'appliquer qu'aux biens constitués avec la fortune de la famille de la fiancée. Or, si l'on considère l'identité du débiteur des biens auxquels s'appliquent ses dérivés dialectaux, on s'aperçoit qu'ils sont souvent, en partie ou en totalité, constitués avec la compensation matrimoniale (voir Tableau 2, p. 153).

Dans les localités où l'époux est l'unique débiteur des biens de la mariée, la compensation payée au comptant est remise en liquide à son père. Ce dernier l'investit, totalement ou partiellement, dans l'achat d'accessoires féminins et/ou d'articles d'ameublement (Milliot, 1953 : 334). Pour prévenir, le détournement du *sadaq* par le père à son propre profit, la famille de l'époux peut le payer directement en nature.

Dans d'autres localités, notamment dans les villes du Nord du pays, la coutume veut que le père de la fiancée adjoigne son propre argent à la compensation de sa fille, et investisse le tout dans la constitution de son trousseau (Linant de Bellefonds, 1965 : 247; Westermarck, 1921 : 75-76). Désignés par un dérivé de *al žihaz*, les biens de la mariée sont erronément dénommés dans le premier cas, puisqu'ils sont payés avec le *sadaq* et non avec l'argent du père. Lors que dans le deuxième cas, la prestation de l'époux et la donation du père se confondent[1].

---

[1]. L'exigence par le marié et sa famille de l'investissement du *sadaq* dans des articles d'ameublement était également une manière de récupérer l'argent versé, et d'empêcher la femme de jouir librement de sa compensation. C'est pour prévenir un tel abus que les premiers rédacteurs de la *Moudawana* ont stipulé que « le *sadaq* est la propriété exclusive de la femme ; elle en a la libre disposition et l'époux n'est pas fondé à exiger de sa future un apport quelconque de meubles,

Le premier trait qui distingue donc les biens de la mariée chleuhe de ceux des mariées de la plupart des autres régions du Maroc est le fait qu'ils ne sont pas payés avec la compensation matrimoniale (*amərwas*) (Azizi, 1998 : 139-151), qui n'est jamais versé à l'épouse, sauf en cas de répudiation abusive[2]. Le père de cette dernière reste le principal débiteur de sa *lqimt*, même si des parents et des amis peuvent participer à sa constitution. Dans la région de Tafraout, à la naissance d'une fille, le père s'écrie « la cuisine s'écroule/se vide », faisant ainsi allusion au fait qu'une fille est élevée « à perte » pour aller construire/remplir un foyer/feu (*takat*) dans une autre famille, mais aussi comme l'a judicieusement noté Coatalen parce que la fille, en pays chleuh, « n'est pas seulement une perte humaine pour la lignée, elle est également une perte économique, à la différence du mariage chez les arabes où le père reçoit de l'argent de son gendre » (1972 : 144).

Le deuxième trait distinctif de la *lqimt* est sa différenciation du cadeau nuptial de l'époux. En général, ce dernier n'est pas tenu d'offrir des bijoux à sa promise, à moins que son père ne pose cette condition au moment des négociations. Ce cadeau est alors désigné par le terme *šrod*, « les conditions », comme la compensation des chérifs de Tazerwalt (Modisk-Touiti, 1987 : 98-99). Cette prestation matérielle n'est ni générale, ni obligatoire. Les composants et la valeur du *šrod* sont également notés par les adouls. En cas de répudiation, l'épouse en reste propriétaire. Si l'époux est responsable de la vente de ces

---

literies, effets vestimentaires en contrepartie du *sadaq* convenu. » (Maroc, 1996 : 51).
[2]. La seule exception à cet usage coutumier, dans l'Anti-Atlas, a été notée chez les chérifs de Tazerwalt. La compensation matrimoniale (*šrod*) est versée avant la noce ; et elle sert à payer une partie du trousseau de la mariée (Modisk-Touiti, 1987 : 98-99).

bijoux, il doit lui en restituer la juste valeur. Ainsi, les biens offerts par le père à sa fille ne sont jamais confondus avec ceux offerts par l'époux.

La *lqimt* du Sous mérite donc bien mieux que le *al žihaz* des autres régions d'être considérée comme un trousseau. Mais ce qui m'a amenée à traduire le terme *lqimt* par « dot » plutôt que par « trousseau » est le fait qu'elle constitue plus qu'une simple libéralité de père à fille. En effet, la *lqimt* présente des caractéristiques qui la rapprochent beaucoup de la dot occidentale.

La *lqimt* : un instrument d'exhérédation des filles

Comme la dot occidentale, la *lqimt* est un moyen de faire valoir pour la jeune fille sur le marché matrimonial. Quel que soit le nombre de ses filles, le père doit pourvoir chacune d'elle d'une parure complète de bijoux en argent (*lqǎšt*). Ces parures sont un marqueur de l'appartenance tribale de la femme, leur valeur un indicateur de la richesse des tribus. Les bijoux les plus somptueux sont portés par les femmes appartenant à des tribus commerçantes et/ou à grande tradition d'orfèvrerie. Dans les tribus où peu de numéraire circule[3], les hommes ont plus de difficulté à assumer ces dépenses somptuaires. L'achat des bijoux commence avant même que la fille soit nubile, voire dès sa naissance. Cette constitution précoce de la partie la plus onéreuse de la *lqimt* évite au père de faire face à des lourdes dépenses lorsqu'un prétendant se présente. Elle repose également sur une stratégie d'établissement de la jeune fille.

Dans les tribus de l'Anti-Atlas où les deux sexes dansent alternativement dans un même espace, les jeunes

---

[3]. Les bijoux sont souvent confectionnés avec des pièces de monnaie fondues ou utilisées telles quelles.

filles portent leurs somptueuses parures pour participer aux danses villageoises (*ihwayšân*). En général, au quotidien, elles sont mal habillées et mal chaussées. Car les pères ne délient guère leurs bourses pour des dépenses vestimentaires. Les filles comme les garçons reçoivent rarement des effets neufs en dehors des fêtes religieuses. Mais à l'occasion des danses cérémonielles, on prend soin d'habiller proprement les premières. À ces danses assistent non seulement les jeunes gens du village, mais aussi tous ceux des villages limitrophes et des tribus alliées. Ces festivités permettent aux filles d'apparaître dans leurs plus beaux atours et d'exposer leur capital argent. Elles leur offrent ainsi l'occasion de se faire remarquer par d'éventuels prétendants et/ou d'éventuelles belles-mères. La somptuosité de leurs bijoux détermine leur valeur sur le marché matrimonial. La constitution de leur parure (*lqǡšt*) est une nécessité qui conditionne leur mariage. Sous peine de les condamner au célibat, le père ne peut en faire l'économie. Au besoin, il s'endette pour satisfaire à cette exigence coutumière.

Un autre point commun entre la *lqimt* et certaines pratiques de la dot en Occident est son rapport avec le système de transmission des biens (Friedl, 1986 : 151 et sq. ; Handman, 1983 : 94-100). En pays chleuh, le régime des successions est, en théorie, conforme aux règles du Droit musulman. Contrairement aux autres groupes berbères du Nord du Maroc ou de Kabylie (Marty, 1928 : 502-503 ; Aspinion, 1937 : 163-166 ; Surdon, 1936 : 325-326 ; Milliot, 1922 : 197 : Abès, 1917 : 62, 323, Gromand, 1931 : 279-280), les tribus du Sous ne refusent pas ouvertement le droit des femmes à l'héritage. Certains coutumiers incluent même une clause rappelant explicitement le respect de la loi musulmane pour tout ce qui touche aux droits de la femme. Ainsi, la coutume des Erguita (Haut-Atlas Occidental) stipule que « pour l'héritage d'une femme tant en ce qui concerne ses droits qu'en ce qui concerne la tutelle de son fils, l'affaire sera réglée par le [šraε] auquel nous devons obédience » (Montagne, Ben Daoud, 1927 : 440).

Mais si en théorie les droits successoraux des femmes sont reconnus, dans la pratique ils sont souvent bafoués. Dans la plaine du Sous, le Haut-Atlas Occidental (Ihahan) et l'Anti-Atlas, Montagne a observé « une tendance très marquée à écarter les femmes du partage des biens immobiliers. Dans les tribus moins pénétrées du Grand-Atlas, les femmes n'ont plus qu'une part inférieure à celle que leur accorderait le cadi. Encore la pression de l'opinion publique est-elle suffisante pour les amener à renoncer le plus souvent à leur part d'héritage » (1924 : 328)[4].

En contrepartie de leur renonciation aux biens fonciers, elles reçoivent souvent une compensation mobilière ou une rente viagère. Dans de nombreuses tribus du Sous, la *lqimt* semble fonctionner comme une indemnité d'exhérédation, voire comme une donation par anticipation de la part d'héritage de la fille[5].

Au regard du Droit musulman, de telles pratiques sont illicites, car elles vont à l'encontre des commandements coraniques. En effet, le Coran interdit l'exhérédation ou l'éviction indirecte de tout ayant droit, quel que soit son sexe. L'ordre de succession des héritiers, ainsi que la portion revenant à chacun d'eux, sont déterminés et ne peuvent être modifiés (*Le Coran*, 1980 : 105, 110, 130-

---

[4]. Voir également Alahyane, 1987 : 148-151 ; Modisk-Touiti, 1987 : 101 ; Bertrand, 1977 : 143 ; Jacques-Meunié, 1944 : 74.

[5]. Chez les Aït Massa, la constitution de la *lqimt* de la sœur donne au frère droit à la part de cette dernière sur l'usufruit des biens familiaux indivis. Si plus tard, sa sœur désire entrer en possession de ses biens, elle ne peut prétendre à une indemnité quelconque en ce qui concerne la période au cours de laquelle son frère a eu la jouissance de la part lui revenant (Ben Daoud, 1924 : p. 54).

131). Le legs en faveur d'un héritier est également interdit. Aucun des héritiers présomptifs ne peut être favorisé au détriment des autres. De plus, pour éviter tout lèse héritier, il est stipulé que le testament en faveur d'un étranger ne peut disposer de plus du tiers de la fortune du *de cujus* (Rycx, 1987 : 32). Par contre, le propriétaire est libre de disposer d'une partie ou de l'intégralité de ses biens par donation entre vifs, sous réserve qu'il y ait dessaisissement immédiat du donateur au profit du donataire[6]. La donation est une institution qui peut être utilisée pour modifier l'ordre légal des successions, voire pour exhéréder certains (ou tous les) ayants droits. Mais elle reste une libéralité qui ne peut en aucun cas être considérée comme un avancement d'hoirie. Le donataire héritier garde tous ses droits à la succession de son donateur.

Dans le Sous, l'éviction des femmes se fait de la manière « la plus légale », à savoir par le détournement d'une institution islamique nommé le *habus*. Le *habus* est « la donation de l'usufruit d'une chose, pour une durée égale à celle de la chose ; la nue-propriété reste au donateur, réellement pendant sa vie, et fictivement après sa mort. [...] Toute chose susceptible d'être possédée peut être irrévocablement constituée *habus* par son possesseur, ne serait-elle qu'un droit d'usage acquis moyennant loyer, et même un animal ou un esclave » (Khalil, 1911 : 397)[7].

L'institution du *habus* repose sur un hadith qui dit : « Immobilise et distribue le fruit » (Amar, 1909 : 388). Elle a pour vocation la donation de l'usufruit d'un bien à une œuvre pieuse ou d'utilité publique. Selon la volonté

---

[6]. Cette disposition n'est valable que pour l'homme, car la femme ne peut toujours disposer que du tiers de ses biens, aussi bien entre vifs que par testament (Amar, 1909 : 442).
[7]. Voir également S. Ferchiou, 1987 : 59 ; Milliot, 1953 : 537-567 ; Luccioni, 1928 : 3 et sq.

du constituant, le *habus* peut être définitif ou temporaire ; et l'attribution de l'usufruit à la fondation pieuse peut être reportée. Il peut choisir de garder l'usufruit de son vivant, voire désigner des bénéficiaires intermédiaires. Ainsi, cette institution qui, au départ, avait des finalités pieuses et civiques a pu être détournée pour servir des intérêts personnels et/ou familiaux.

> « Elle a d'une part servi à mettre les fortunes à l'abri des pouvoirs temporels (et) permettait également d'éviter que ne se dilapident ou ne se parcellisent certaines grandes fortunes. Elles offraient enfin la possibilité de détourner l'ordre légal des successions ou des règles relatives aux legs » (Rycx, 1987 : 397).

Dans le Sous, le *habus ahli* (*habus* « privé » ou « familial ») est utilisé comme un procédé d'exhérédation des filles[8]. Le fondateur d'un *habus* peut désigner sa descendance masculine comme unique bénéficiaire des biens immobilisés, et ainsi exclure sa descendance féminine. En théorie, le rite malékite - dont se réclame la législation marocaine - interdit l'exclusion des filles au profit des fils (Khalil, 1911 : 314). Mais la grande flexibilité de l'institution permet aux actants de choisir le rite qui dessert le mieux leurs intérêts. Khalil classe, au nombre des clauses licites qui doivent être « strictement » observées, la désignation par le fondateur du « rite auquel il entend se soumettre » (Khalil, 1911 : 397). Au chapitre concernant le sexe des bénéficiaires, le fondateur qui désire exclure, dès la première génération, sa descendance féminine se réfère au rite hanéfite plutôt qu'au rite malékite. Ainsi, seuls ses héritiers masculins et leur descendance masculine sont constitués propriétaires indivis, bénéficiaires de l'usufruit, et agents de transmission du patrimoine immobilisé. Le recours au rite

---

[8]. Ce procédé d'exhérédation des filles était également en usage dans les ksour de Figuig (Gromand, 1931 : 279 ; Saa, 1997-1998 : 92).

hanéfite permet d'évincer non seulement les filles, mais aussi toute leur postérité. Pour ce faire, le fondateur doit recourir à une formule qui ne laisse douter de ses intentions. La descendance de la fille est exclue par les expressions suivantes : « ma lignée », « ma race », « mon enfant et l'enfant de mon enfant », « mes enfants et les enfants de mes enfants », « mes fils et les fils de mes fils ». Par contre, les suivantes comprennent aussi bien la descendance de la fille que celle du fils : « ma postérité », « mes enfants, un tel, une telle et leurs enfants », « mes garçons, mes filles et leurs enfants » (Khalil, 1911 : 400).

Dans la tribu Aït Souab (Anti-Atlas), dont le territoire se caractérise par la pauvreté des sols et la rareté des terres arables, le *habus* est ouvertement utilisé comme un moyen de conserver les biens fonciers dans la lignée agnatique. Ici, « le habus au profit d'une fondation pieuse est totalement inconnu » (Leyris, s.d. : 18). La coutume de cette tribu reconnaît deux types de *habus* : le *habus* au profit des petits enfants masculins et le *habus* au profit d'un fils, d'un parent ou d'un étranger. Le *habus* au profit d'une fille est inexistant. L'immobilisation la plus usitée est celle dont bénéficient les petits enfants masculins. Ce type de *habus* est appelé *wasiya mohabasa*, « héritage immobilisé ». Pour protéger les droits successoraux des héritiers directs, la coutume de la tribu Aït Souab stipule que le fondateur ne peut disposer de plus d'un tiers de ses biens, en faveur de ses petits-enfants masculins. Une limite que n'impose pas le Droit musulman qui permet, au contraire, au fondateur d'immobiliser la totalité. La clause malékite qui interdit d'exclure la fille de la première génération est donc ici respectée. Mais toutes les filles de la descendance masculine sont exclues de la jouissance des biens du fondateur. Elles ne peuvent accéder ni au statut de propriétaire indivis, ni à celui d'agent de transmission du droit d'usufruit. Le seul droit qu'elle garde est un droit d'usufruit sous réserve de célibat (veuvage ou répudiation). Cette condition de célibat est toujours explicitement stipulée lors de la rédaction de l'acte d'immobilisation (*waqf*). En voici la version la plus courante recueillie par le Capitaine de Leyris :

> « Je déclare habusser, au profit de mes petits-enfants mâles, le tiers de mes biens, j'accepte que les filles qui se marieraient ne puissent bénéficier de leurs droits sur ces biens. Ils appartiennent à mes petits-enfants mâles, aux filles qui participeraient à la famille, et à celles qui y reviendraient soit à cause de leur veuvage, soit à cause de leur répudiation » (Leyris, s.d. : 19).

En théorie, les biens immobilisés ne peuvent être ni partagés, ni vendus. Car « la caractéristique du *habus*, c'est l'immobilité, l'inaliénabilité, dont le bien haboussé se trouve frappé tant entre les mains du constituant que du bénéficiaire » (Amar, 1909 : 314). Selon mes informateurs, l'inaliénabilité du *habus* peut être révoquée si le fondateur a inclus une clause permettant aux bénéficiaires de voter le partage à l'unanimité[9]. Il est très rare qu'une telle clause figure sur l'acte d'immobilisation, car le but primordial du *habus* est justement la protection de l'indivision du patrimoine lignager. En effet, tout partage replacerait aussitôt, les filles, les épouses et autres parentes en position d'ayants droit. Selon Seignette, l'immobilisation perpétuelle du patrimoine permet de maîtriser « le trouble apporté dans la propriété familiale » par l'hérédité féminine (Khalil, 1911 : XXXIV). Si l'un des bénéficiaires meurt sans postérité masculine, sa part est aussitôt transmise à ses frères. Si c'est toute la fratrie qui s'éteint sans postérité masculine, la succession est dévolue aux collatéraux. Ainsi, le patrimoine circule

---

[9]. Comme cela a été noté par Gromand à Figuig, l'institution du *habus* est largement modifiée pour servir les besoins des actants (1931 : 279).

d'homme(s) à homme(s) « jusqu'au jour du Jugement dernier » ou jusqu'à l'extinction de toutes les branches masculines du lignage du fondateur.

Dans les tribus qui évincent ainsi les filles de la succession des biens fonciers, la *lqimt* est tacitement considérée comme un avancement d'hoirie. La preuve en est qu'en cas de revendication, la valeur de la *lqimt* est déduite de la part d'héritage de la femme ; et la différence lui est payée en biens mobiliers. Or, il est extrêmement rare que la femme émette une telle revendication, soit parce qu'elle ignore totalement ses droits, soit parce qu'elle y a volontairement renoncé. D'une part, la femme ne peut compter sur l'appui de son époux, car bien souvent il vient lui-même d'un milieu pratiquant l'exhérédation féminine. D'autre part, elle n'a aucun intérêt à se brouiller avec ses frères dont le domicile est son unique refuge en cas de répudiation (Modisk-Touiti, 1987 : 143).

Nous avons donc vu que la *lqimt* chleuhe est plus qu'un simple trousseau. Par sa fonction de faire-valoir pour la jeune fille, elle est plutôt similaire à la dot occidentale. Par ailleurs, cette prestation paternelle est un instrument d'exhérédation de la fille. Elle fonctionne comme un avancement d'hoirie qui permet de préserver l'indivision du patrimoine foncier, et de le garder dans la lignée agnatique. À présent, nous allons voir comment la *lqimt* agit sur la durabilité du mariage.

La *lqimt*, facteur de stabilité du mariage

Bien qu'elle soit une donation irrévocable (Amar, 1909 : 397-398, 412-413), le père a un droit de regard sur la *lqimt* de sa fille. Cette dernière en est l'unique propriétaire, mais son époux est tenu pour responsable de sa conservation et de sa fructification. Si la *lqimt* est volée, vendue ou endommagée, il doit la rembourser. Avec l'accord de sa femme, il peut jouir de ces biens en usufruit. Les bijoux sont une source de capital non négligeable qu'il peut vendre au lendemain du mariage pour financer l'achat de terres, un fonds de commerce ou une migration de travail. Mais, en cas de répudiation, il doit restituer les biens qui sont en bon état, et payer la valeur de ceux qu'il a vendus et celle des éléments fongibles. La *lqimt* est restituée non pas à la femme répudiée, mais à son père. Ce dernier la lui redonne dès qu'un nouveau prétendant se présente[10].

Les représentants des mariés discutent le prix de tous les articles pour lesquels aucun bon d'achat n'est produit. Il arrive souvent que ces discussions tournent en d'âpres marchandages. Et, pour peu qu'il y ait quelques esprits échauffés dans la salle, l'évaluation dégénère en rixe ouverte et cause sur-le-champ la rupture de l'alliance. Quand on sait que le motif d'une rupture peut être un fichu de peu de valeur, on peut se demander quel est l'intérêt de ce chipotage.

À Tiznit, pour éviter de tels désagréments, le père de la mariée invite des spécialistes à participer à l'évaluation : un bijoutier/orfèvre, un boutiquier, un artisan, un cordonnier, un éleveur de bétail, etc. Ces personnes sont choisies selon la nature des composants de la *lqimt*. Mais, dans la majeure partie du Sous, la valeur de ces biens est déterminée par le marchandage. Les agnats de la jeune fille font tout pour gonfler la valeur de la *lqimt*. D'une part, ils peuvent contribuer à sa constitution par l'offre de bijoux et de pièces de vêtements. Et, d'autre part, ils essayent d'imposer aux agnats du marié le prix le plus fort pour chaque article. La raison de ce marchandage est le fait que la valeur de la *lqimt* est un déterminant du statut de la femme au sein du couple.

---

[10]. Chez les Idaw Martini (Anti-Atlas), la *lqimt* de la femme divorcée ou veuve est réduite de moitié (El Alaoui, 1991 : 182-183).

L'époux est tenu pour responsable de la conservation de la *lqimt* ; et l'acte dressé par les adouls garantit à l'épouse la récupération de l'intégralité de sa valeur en cas de répudiation. Une *lqimt* élevée est pour l'homme une arme à double tranchant. D'une part, les biens vendables ou exploitables sont une bénédiction, car ils lui permettent d'élargir son patrimoine. D'autre part, la *lqimt* dépensée est un couteau planté dans sa gorge. S'il ne peut la restituer dans son intégralité, il ne peut répudier sa femme, même si cette dernière a tous les torts[11]. Aussi, pour lui éviter de tomber en quenouille, ses agnats essayent de réduire la valeur totale de la *lqimt* en chipotant sur le prix de chaque article, du plus important au plus insignifiant.

Pour la femme, une *lqimt* élevée est une assurance contre la répudiation. Elle lui garantit un équilibre des forces au sein du couple ; et elle permet - comme la compensation/dette matrimoniale (*amərwas*) (Azizi, 1998 : 145-151) - de freiner l'usage abusif du pouvoir unilatéral de répudiation. Par ailleurs, elle détermine son statut dans la communauté féminine de la maisonnée conjugale, dans le sens où elle lui garantit une parité avec ses belles-parentes et lui assure leur respect. Une *lqimt* insignifiante est toujours motif à raillerie à la moindre dispute[12]. Par contre, si la femme est créancière de son époux, les parentes de ce dernier se gardent bien de lui manquer d'égards.

---

[11]. Contrairement à l'*amərwas*, la *lqimt* est toujours restituée au père de l'épouse quel que soit le motif de la dissolution du mariage.

[12]. Dans les chants nuptiaux (*tangift*), la mariée qui apporte une *lqimt* insignifiante est ainsi raillée par les parentes du marié : « C'est une vieille fille que l'on a placé sur le cheval/Elle n'apporte ni bracelet, ni anneau de cheville » (Azizi, 1998 : 190).

Conclusion

Comme la compensation matrimoniale (*amǝrwas*), la dot chleuhe (*lqimt*) est une institution très ambiguë. D'une part, sa constitution semble témoigner de la tendresse du père, et d'une réelle volonté de ce dernier d'assurer le bonheur matrimonial de sa fille. En la dotant d'une forte *lqimt*, non seulement il lui assure une garantie économique en cas de faillite de l'époux, mais il la protège aussi de tout abus de ce dernier. Puisqu'en cas de répudiation l'acte de dotation lui permet de récupérer tous ses biens. D'autre part, l'institution de la *lqimt* témoigne de la volonté masculine de léser les femmes de leur droit à l'héritage des biens immeubles. Car, par l'établissement d'un acte de dotation, le père permet à ses héritiers masculins de faire compter la valeur de la *lqimt* à titre d'avancement d'hoirie, au moment de la succession. La *lqimt* est donc à la fois l'instrument d'exhérédation de la fille et une garantie économique la protégeant d'une répudiation abusive. Et, en définitive, elle sert en premier lieu des intérêts masculins, à savoir la préservation de l'indivision du patrimoine lignager, et la protection du groupe des perturbations qui pourraient résulter de la fragilité de l'union conjugale. Comme l'*amǝrwas*, elle permet de maintenir la femme sous la tutelle de l'époux en plaçant ce dernier dans une position de dépendance économique vis-à-vis de son beau-père.

Références bibliographiques

ABÉS. 1917. « Monographie d'une tribu berbère. Les Aith Ndhir ». *Archives Berbères*. Vol. 2, n°2-4, p. 149-194, p. 337-416.
ALAHYANE, Mohammed. 1987. « Le mariage chez les Akhsassi. Jeux et stratégies ». p. 145-165. In : COLLECTIF. *Portraits de femmes*. Casablanca : Le Fennec. 360 p. (coll. « Approches »).

AMAR, Émile. 1909. « La pierre de touche des fétwas de Ahmad Al-Wanscharîsi. Choix de consultations juridiques des Faqîh du Maghreb ». *Archives Marocaines*. N°13, p. 312-473.

ASPINION, Robert. 1937. *Contribution à l'étude du droit coutumier berbère marocain. Étude sur les coutumes des tribus zayanes.* Casablanca/Fès : A. Moynier. 308 p.

AZIZI, Souad. 1998. Cérémonies de mariage en changement dans le Grand Agadir (Sous, Maroc), *thèse de doctorat en anthropologie sociale et ethnologie*, sous la dir. de Camille Lacoste-Dujardin. Paris : École des Hautes Études en Sciences Sociales. 450 p., 29 pl., 58 ill.

BEN DAOUD, Mohammed. 1924. « Recueil du droit coutumier de Massa. Exemplaire des Ida Ou Mout ». *Hespéris*. N°4, p. 49-83.

BERQUE, Jacques. 1955. *Les structures sociales du Haut Atlas*. Paris : Presses Universitaires de France. 469 p.

BERTRAND, André. 1977. La famille berbère au Maroc Central : une introduction aux droits coutumiers nord-africains, *thèse de doctorat en anthropologie sociale et ethnologie*, sous la dir. de Jacques Berque. Paris : École des Hautes Études en Sciences Sociales. 200 p.

COATALEN, Paul. 1972. Les Chleuhs de Tafraout, *thèse de doctorat en ethnologie*, sous la dir.de Jacques Berque. Paris : Université de Paris V.

Coran (al Qorân) (Le). 1980. Trad. de l'arabe par Régis BLACHÈRE. Paris : Maisonneuve et Larose.

EL ALAOUI, Narjys. 1991. Rituels et matières oblatoires au Maroc. Les Idaw Martini de l'Anti-Atlas, *thèse de doctorat en anthropologie sociale et ethnologie*, sous la dir. de Camille Lacoste-Dujardin. Paris : École des hautes études en sciences sociales. 355 p.

FERCHIOU, Sophie. 1987. « Le système Habus en Tunisie : logique de transmission et idéologie agnatique ». p. 57-74. In : Marceau GAST (éd.). *Hériter en pays musulman. Habus, lait vivant, manyahuli*. Paris : C.N.R.S. 302 p.

FRIEDL, Ernestine. 1986. « Dot, honneur et stratégies familiales dans un village de Boétie ». p. 141-160. In : Bernard KAYSER (éd.). *Les sociétés rurales de la Méditerranée*. Trad. de l'américain par G. MOORE et B. KAYSER. Aix-en-Provence : Édisud. 308 p. (coll. « Mondes méditerranéens »).

GROMAND, Roger. 1931. « La coutume de la 'Bezra' dans les ksours de Figuig », *Revue d'Études Islamiques*, n°3, p. 277-312.

HANDMAN, Marie-Élisabeth. 1983. *La violence et la ruse. Hommes et femmes dans un village grec*. Préf. de Maurice GODELIER.

Aix-en-Provence : Édisud. 209 p. (coll. « Mondes Méditerranéens »).

HART, David Montgomery. 1976. *The Aït Waryaghar of the Moroccan Rif. An ethnography and history*. Tucson : Arizona, The University of Arizona Press.

JACQUES-MEUNIÉ, Dominique. 1944. *Le prix du sang chez les Berbères de l'Atlas*. Paris : Imprimerie Nationale. 113 p.

JAMOUS, Raymond. 1981 *Honneur et Baraka. Les structures sociales traditionnelles dans le Rif*, Cambridge/London/Paris, Cambridge University Press/Maison des Sciences de l'Homme. 303 p.

KHALIL. 1911. *Code musulman par Khalil. Rite malékite. Statut réel*. Trad. de l'arabe par N. SEIGNETTE. Paris : Augustin Challamel, éditeur. 743 p.

LEIBOVICI, Sarah. 1986. « Noces séfarades. Quelques rites ». *Revue d'Études Juives*. Vol. 145, n°1-2, p. 227-241.

LEYRIS Capitaine (de). (s.d.). « Guide pratique de justice coutumière en tribu Aït Souab ». *Mémoires du Centre des Hautes Études sur l'Afrique et l'Asie Moderne*. Vol. 67, n°1513. Paris : C.H.E.A.A.M. 62 p.

LINANT DE BELLEFONDS, Yvon. 1965, *Traité de Droit musulman comparé*. Tome 1. Paris/La Haye, Mouton et Cie. 459 p.

LUCCIONI, Joseph. 1928. *Les Habous au Maroc*. Conférence faite au Cours préparatoire au Service des Affaires Indigènes, Rabat, le 20 Janvier. Casablanca : Imprimeries réunies de la Vigie Marocaine et du Petit Marocain. 63 p.

MAROC. 1996. *Moudawana. Code de Statut Personnel et des Successions*. Édition synoptique franco-arabe par François-Paul BLANC et Rabha ZEIDGUY. Rabat : Sochepress-Université. 236 p. (coll. « Textes et Documents Juridiques »).

MARTY, Paul. 1928. « L'Orf des Beni M'Tir ». *Revue d'Études Islamiques*. Vol. 2, n°4, p. 481-511.

MEAKIN, Budgett. 1902. *The Moors : a comprehensive description*, London/New York, Swan Sonnenschein & Co./The Macmillan Company. 503 p., 132 ill.

MICHAUX-BELLAIRE, Edouard-Léon. 1911. « Quelques tribus de montagne dans la région du Habt ». *Archives Marocaines*. N°17, p. 127-134.

MILLIOT, Louis. 1922. « Le qânoun des M'Âtqa ». *Hespéris*. Vol. 2, n°3, p. 193-208.

MILLIOT, Louis. 1953. *Introduction à l'étude du droit musulman*. Paris : Recueil Sirey. 822 p.

MODISK-TOUITI, Keltoum. 1987. « Femmes, mariage et héritage chez les Sorfa du Tazerwalt (Maroc) ». p. 89-102. In : Marceau GAST (éd.). *Hériter en pays musulman. Habus, lait vivant, manyahuli.* Paris : C.N.R.S. 302 p.

MONTAGNE, Robert, BENDAOUD, Mohammed. 1927. « Documents pour servir à l'étude du droit coutumier du Sud Marocain ». *Hespéris* N°, p. 401-445.

MONTAGNE, Robert. 1924. « Le régime juridique des tribus du Sud Marocain ». *Hespéris.* N°3, p. 313-331.

RYCX, Jean-François. 1987. « Règles islamiques et droit positif en matière de successions : présentation générale ». p. 19-41. In : Marceau GAST (éd.). *Hériter en pays musulman. Habus, lait vivant, manyahuli.* Paris : C.N.R.S. 302 p.

SAA, Abdelkrim. 1997-1998. Parenté et émigration externe des oasiens de Figuig (sud du Maroc oriental), *thèse de doctorat en anthropologie sociale et ethnologie*, sous la dir. de Camille Lacoste-Dujardin. Paris : École des hautes études en sciences sociales. 303 p.

SALMON, Georges. 1904. « Les mariages musulmans à Tanger ». *Archives Marocaines.* Vol. 1, n°2, p. 273-289.

SURDON, Georges. 1936. *Institutions et coutumes des Berbères du Maghreb.* Tanger/Fès : Les Éditions Internationales. 502 p.

WESTERMARCK, Edward. 1921 [1914]. *Les cérémonies de mariage au Maroc.* Trad. de l'anglais [*Marriage ceremonies in Morocco*] par Jeanne ARIN. Paris : Ernest Leroux. 394 p.

Partie III.
L'institutionnalisation de rapports sociaux hiérarchiques

Chapitre 5. Une royauté éphémère : le sultanat des *Tolba* de Qarawiyine (Fès)[1]

L'objectif de cette communication est de faire état d'une recherche en cours sur une fête estudiantine annuelle, la *nozhat Talaba* de l'université Qarawiyine (Fès)[2]. Avant de présenter les orientations et les perspectives de cette recherche, commençons par une brève présentation de la *nozha* et de la littérature dont elle a fait l'objet.

La *nozhat Talaba*

Dès les premiers beaux jours du printemps, les *Tolba* de Qarawiyine demandent au sultan l'autorisation de célébrer la *nozha*. L'autorisation accordée, ils mettent aux enchères le titre de sultan, que le plus offrant d'entre eux acquiert pendant une à deux semaines. Parmi ses camarades, le sultan des *Tolba* nomme des représentants aux principales charges gouvernementales. Du *ħajeb soltan*[3] au simple *moxazni*[4], en passant par le *moħtasib*[5] et les *umana*[6], tous les agents du Makhzen sont ainsi parodiés par les *Tolba*.

---

[1] *Tolba* (sing. *Taleb*) : Ce terme polysémique est ici utilisé dans le sens d'étudiants en théologie.

[2] Cette fête estudiantine, nommée localement *nozhat Talaba*, est connue dans la littérature « coloniale » sous le titre de « la fête du sultan des *Tolba* ». Ci-après, pour me référer à cette fête, j'utiliserais le terme *nozha*. Ce terme désigne également les pique-niques ou des parties de campagnes plus longues qui sont particulièrement appréciés par les familles de Fès.

[3] Le *ħajeb solTan* est le chambellan ou premier vizir du souverain.

[4] Le *moxazni* occupe traditionnellement les fonctions de garde ou de soldat.

La première semaine est consacrée à collecter des fonds auprès des commerçants par l'entremise du *moħtasib* qui joue le rôle de bouffon et des *umana* qui envoient des missives péremptoires et burlesques aux notables de la ville. Pour sa première sortie en public, le sultan des *Tolba* reçoit du véritable souverain tous les insignes du pouvoir et de la souveraineté : un riche costume, des chevaux, le parasol chérifien, des soldats et des serviteurs du Palais. Lors de ses déplacements dans la ville et hors de la ville, il est conduit en grande pompe, selon le protocole en usage pour le véritable souverain. Après une semaine de collecte de fonds, le sultan des *Tolba* est conduit en grand apparat à la mosquée des Andalous où la prière du vendredi est dite en son nom, comme pour le véritable souverain. Dans l'après-midi du même jour, il se rend sur le tombeau de Moulay Rachid, dans le sanctuaire de Sidi Ali Ben Harazem. Le lendemain, il sort de la ville et va camper avec sa suite pendant une semaine ou deux, sur les bords de l'oued Fès.

Pendant ce séjour hors de la ville, le souverain et tous les dignitaires de la ville font parvenir des *hediyat*[7] au campement des *Tolba*. La comédie est même poussée au point que le véritable souverain rend visite à son « rival » et feint de se soumettre à son autorité. Au terme de ce

---

[5] Le *moħtasib*, fonctionnaire très important des villes impériales, remplit de multiples fonctions, dont les plus importantes sont : la police des marchés et la répression des fraudes, la police des corporations, la fixation quotidienne du prix des denrées. Le *moħtasib* exerce également un contrôle sur les corps et les âmes puisqu'il est chargé de la police des mœurs et de la surveillance de l'état de propreté des établissements publics.

[6] Les *umana* sont les fonctionnaires du service des douanes.

[7] *hediyat* (sing. *hediya*) : Ensemble de dons remis cérémoniellement au souverain par ses sujets, régulièrement lors des fêtes religieuses ou occasionnellement lors de ses visites dans une ville ou dans une région.

rituel mi-sérieux, mi-burlesque, le sultan des *Tolba* a le droit de solliciter - et obtient souvent - une faveur du souverain, soit pour lui-même soit pour le débiteur des frais de son élection. Il est de plus exempté d'impôts à vie.

Les légendes populaires font remonter cette tradition estudiantine aux débuts du règne de Moulay Rachid l'Alaouite (1644-1672). Vers 1664, Moulay Rachid aurait autorisé les *Tolba* de Qarawiyine à élire chaque année un sultan parmi eux, en récompense pour l'aide qu'ils lui auraient apporté dans l'élimination d'un Juif, nommé Ibn Mechâal, qui régnait en despote sur les villes de Taza et Fès. À la mort de Moulay Rachid en 1671, son frère et successeur Moulay Ismaël conserva cette tradition qui a été respectée et perpétuée par les souverains alaouites, pendant des siècles et jusqu'à une date très proche.

La littérature sur la *nozha*

La *nozha* a fait l'objet d'une assez abondante littérature[8]. Elle a été mentionnée dans un nombre considérable de documents de genres très divers et de valeur aussi inégale : relations de voyage, récits d'ambassade, notices militaires, documents descriptifs de la ville de Fès et de Qarawiyine, livres d'histoire, journaux illustrés, revues spécialisées. Elle a même été utilisée comme matériel ethnographique par J. G. Frazer (1983 [1914]) et G. Balandier (1980). Les plus anciennes descriptions que nous avons de la *nozha* datent de la fin du 19ème siècle et sont, pour la plupart, l'œuvre de membres d'ambassades françaises ou anglaises. Mais la production la plus importante s'est faite dans les trente premières années du 20ème siècle.

D'une première évaluation de ce corpus, on peut dégager trois caractéristiques majeures :

---

[8] Voir en fin de document la bibliographie de cette littérature.

1. Cette littérature est en majorité l'œuvre d'observateurs étrangers. En effet, bien que la *nozha* soit présentée dans la tradition orale comme une institution de Moulay Rachid, elle n'est ni décrite ni même mentionnée par les historiens de la dynastie alaouite. Il faut attendre 1939 pour voir apparaître une première description marocaine de la *nozha* (I. El Kettani, 1939). Cette observation d'un point de vue marocain est précieuse, car elle apporte quelques éléments nouveaux par rapport aux prédécesseurs étrangers. Les autres documents marocains[9] où est décrite la *nozha* n'apportent rien à notre connaissance de cette fête, car leurs auteurs se basent essentiellement sur le travail de P. de Cénival (1925).

2. Le travail descriptif y prédomine et souffre de multiples insuffisances. La première étant la redondance. Il existe, en effet, peu de descriptions originales, entièrement fondées sur une observation directe des faits décrits (que ce soit par participation ou par entretien). Beaucoup d'auteurs utilisent des travaux antérieurs. Ceci est vrai notamment pour tous les auteurs postérieurs à P. de Cénival (1925), dont le travail est considéré comme la référence incontournable et définitive, à la fois sur la question des origines de la *nozha* et sur son cérémonial.

La deuxième insuffisance provient de l'observation indirecte et partielle qui donne des descriptions lacunaires. En tant qu'étrangers, les observateurs de la *nozha* n'ont pas accès à tous les espaces du cérémonial. Ils ne peuvent en effet voir toutes ces scènes qui se déroulent à l'intérieur des médersas, des mosquées, des marabouts ou sous les tentes. Ce qu'ils en savent se résume à ce que peuvent leur en dire leurs informateurs.

---

[9] Il s'agit notamment d'une thèse d'histoire inédite (M. El Amrani, 1988) et de trois travaux sur le théâtre marocain (H. Bahraoui, 1994 ; S. Ennaji, 1999 ; et H. Lemniâi, 1994).

Or, le choix des informateurs constitue une troisième source de lacunes dans le travail de description. Tous les auteurs, de G. Charmes (1887) à P. de Cénival (1925), ont eu recours à des lettrés de Fès pour compléter leur connaissance des principaux actes de la *nozha*. Or, cette fête appartient aux *Tolba afaqiyin*, les « étudiants étrangers à la ville » qui sont les seuls à avoir accès aux coulisses. La connaissance partielle des informateurs se révèle dans le manque de détails qui caractérise les scènes qui se jouent dans l'intimité des médersas et des tentes. Toutes les descriptions existantes ainsi que les documents iconographiques qu'elles comportent, sont essentiellement focalisés sur ces séquences publiques où le sultan des *Tolba* est conduit en grand apparat, par le personnel du Palais[10].

3. La focalisation sur la question des origines de la *nozha*. Les auteurs qui ont tenté de résoudre cette question des origines ont utilisé deux types d'approches : l'approche évolutionniste qui est représentée notamment par È. Laoust (1921) et l'approche historique qui est représentée par P. de Cénival (1925). E. Laoust, qui a été influencé par la théorie naturiste de J. G. Frazer, ne retient du processus de la *nozha* que deux éléments : l'intronisation temporaire du *Taleb* et la libération d'un criminel. Il considère ces deux éléments comme des « débris » d'une antique fête de printemps, dans laquelle le sultan des *Tolba* personnifie un vieux dieu de la végétation qui devait jadis être sacrifié au terme de son règne éphémère ; tandis que le prisonnier relaxé devait, à l'origine, être une victime sacrifiée annuellement aux génies des eaux, à la place du roi.

---

[10] Pour des illustrations iconographiques de la *nozha,* voir Bel & Larribe (1917), I. El Kettani (1939), Le Tourneau (1949), Marty (1925), P. Ricard (1917), Roulleaux-Dugage (1915).

Contrairement à È. Laoust qui rejette l'origine de la *nozha* à une haute antiquité, sans aucun souci de vérification, P. de Cénival tente d'identifier les faits historiques qui ont donné naissance à la légende explicative de sa fondation par Moulay Rachid. La confrontation des différentes sources historiques existantes sur la vie de Moulay Rachid, et notamment sur l'épisode de Dar Ibn Mechâal, lui permet de démontrer que l'institution de la *nozha* par Moulay Rachid est un fait incontestable. Cependant, son approche de la *nozha* reste très ambivalente parce qu'il a été influencé par la théorie frazérienne tout autant qu'a pu l'être E. Laoust. Sa conclusion sur les origines de la *nozha* est qu'elle a bien été introduite à Fès à une époque récente, mais qu'elle est composée de débris d'une ancienne fête de printemps d'origine asiatique, sur lesquels sont venus se greffer des éléments locaux.

Une interprétation plus récente de la *nozha* est celle que propose G. Balandier, dans *Le pouvoir sur scènes* (1980). Il approche cette fête estudiantine comme une inversion temporaire des rôles politiques, un simulacre de contestation du pouvoir établi. Pour les besoins de sa démonstration, il ne retient du processus de la *nozha* qu'un seul élément, la royauté temporaire du *Taleb*. Selon lui le *Taleb* représente à la fois la personne du sultan en sa qualité de *alim*, et le corps des oulémas en leur qualité de contre-pouvoir. La *nozha* exprimerait donc en grande partie le potentiel de subversion des oulémas. La brève présentation que fait G. Balandier de la *nozha* a le grand mérite de souligner sa dimension politique et trace, en quelque sorte, une des voies à suivre pour une étude anthropologique plus approfondie.

Pour l'instant, il n'existe aucune étude anthropologique de cette fête. L'intérêt des chercheurs pour la *nozha* semble s'être éteint depuis l'époque du Protectorat. Il semble même que l'effort de description se soit arrêté avec de P. de Cénival (1925).

Orientations et perspectives de la recherche

Lorsque j'ai commencé à m'intéresser à la *nozha*, il y a bientôt quatre ans de cela, j'ai constaté que les descriptions basées sur une observation directe s'arrêtent aux années 1930. J'ai donc essayé de reconstituer les circonstances de sa cessation, en partant de l'hypothèse que c'est la Résidence qui a œuvré pour mettre fin à ces festivités estudiantines. Pour vérifier cette hypothèse, j'ai compulsé des archives de la période du Protectorat au Service Historique de l'Armée de Terre (Château de Vincennes) et au Ministère des Affaires Étrangères (Quai d'Orsay, Paris)[11]. Mais sans grands résultats. Car, dans les rares archives où apparaît la *nozha*, elle n'est mentionnée que pour signaler qu'elle s'est bien déroulée ou pour indiquer le montant des dons offerts par la Résidence aux *Tolba* et à leurs professeurs.

Or, lors d'une pré-enquête que j'ai menée à Fès (février 2004), il s'est avéré que la *nozha* a cessé d'être célébrée, non pas sous le Protectorat, mais aux débuts du règne de Hassan II. Selon les dires des gens de Fès, cet arrêt est lié au fait que le dernier sultan des *Tolba* a demandé la libération d'un certain Moulay Messâoud, qui aurait écoulé de l'huile frelatée à Fès et Meknès, causant ainsi la mort de nombreuses personnes.

---

[11] Les archives consultées au Service Historique de l'Armée de Terre (Château de Vincennes) sont les « Rapports politiques mensuels de la région de Fès », couvrant la période de 1913 à 1939. Quant aux dossiers consultés aux Archives Diplomatiques du Quai d'Orsay, ils appartiennent à la « Série Correspondance politique et commerciale. Sous Série. M. Maroc 1917-1940 ».

Face aux premiers résultats de l'enquête, plusieurs questions se posent :
1. Quelles sont les circonstances réelles de la cessation de la *nozha* ?
2. Est-elle réellement liée à l'affaire de Moulay Messâoud ?
3. S'il y a vraiment eu suspension de la *nozha* à l'initiative de Hassan II, comment expliquer que ce soit un souverain alaouite et des plus respectueux des traditions chérifiennes, qui mette fin à une institution multiséculaire qui, d'après la tradition orale a été créée par le fondateur même de la dynastie ?
4. La cessation de la *nozha* repose la question de sa dimension politique et de son rôle dans la mise en scène du pouvoir monarchique et de ses contre-pouvoirs. Si cette fête a pu être suspendue, est-ce parce qu'elle n'avait plus aucune raison d'être dans une monarchie constitutionnelle dotée d'un Etat fort et moderne ?
5. La déperdition de la *nozha* pose aussi la question de la relation des oulémas au pouvoir, et du souverain chérifien à cette élite. La suspension de cette fête signifie-t-elle un affaiblissement de leur rôle traditionnel de contre-pouvoir ?
6. Pourquoi cette fête a-t-elle disparu et pas d'autres traditions « archaïques », tel que le rituel de la *bayεa* ?
7. Existe-t-il une nouvelle fête qui remplit les fonctions traditionnellement remplies par la *nozha* (la fête du trône) ?

Mon hypothèse est que l'affaire de Moulay Messâoud n'est qu'un prétexte, un leurre qui cache des raisons beaucoup plus profondes. L'explication de la cessation de la *nozha* ne peut être envisagée sans une compréhension préalable de cette fête dans toutes ses dimensions : sociale, politique et culturelle. Et, à mon sens, l'établissement d'une ethnographie systématique de la *nozha* est le préalable à tout essai de compréhension ou d'explication de la fête elle-même et de sa suspension.

Objectifs

Pour répondre aux questions que soulève la déperdition de la *nozha*, je suis la démarche suivante. Tout d'abord, je me fixe comme premier objectif de faire une ethnographie de cette fête sous le règne d'Hassan II. La méthode que j'utilise dans le recueil de descriptions diffère de celles des auteurs précédents sur un point essentiel qui est le choix des informateurs. Comme je l'ai signalé plus haut, les observateurs étrangers ont eu recours surtout à des lettrés de Fès. Or, la *nozha* appartient aux *Tolba* étrangers à la ville. Les acteurs de la *nozha*, c'est-à-dire d'anciens *Tolba* ayant joué les rôles de sultan et de fonctionnaires du Makhzen sont visés par cette enquête comme les plus aptes à nous renseigner sur les plus menus détails des principaux actes de la *nozha*, et notamment sur ce qui se passe dans les coulisses. Car j'ai l'intime conviction que ce que nous connaissons de la *nozha* n'est que la tête de l'iceberg, et qu'il existe des séquences entières qui n'ont pas été mises à jour, soit parce que les informateurs des observateurs étrangers n'y ont pas eu accès, soit parce que les règles de la bienséance (la *ħcuma*) les ont empêché de les décrire[12].

---

[12] Je donne ici pour exemple E. Doutté (1905) qui a énormément contribué à la connaissance de la littérature burlesque de la *nozha* par l'apport de deux versions originales de la *xotba* récitée par le *moħtasib*, en présence du véritable souverain. L'auteur signale qu'il a également eu entre les mains une *xotba* « roulant sur les femmes », mais tellement obscène qu'il ne peut la reproduire.

Les autres sources d'informations qui n'ont pas été exploitées par les auteurs précédents sont les acteurs externes à Qarawiyine et les femmes de Fès. Par acteurs externes, j'entends toute cette population qui prend sa part dans le processus de la *nozha* : c'est-à-dire les commerçants et les artisans musulmans qui sont visités par le *moħtasib* et fournissent aux *Tolba* certains accessoires de leurs mascarades, le personnel des mosquées et des sanctuaires visités, ainsi que les Juifs dont le rôle dans cette fête n'est pas encore bien établi. En ce qui concerne les femmes de Fès, elles constituent l'élément invisible dans les descriptions des auteurs précédents. Il s'agira donc de mettre à jour leur perception de la *nozha*. Comment voient-elles cette fête estudiantine, qu'est-ce qu'elles en voient et de quelle manière y participent-elles ?

L'objectif premier est donc de recueillir des descriptions de la *nozha* contemporaines du règne d'Hassan II, à partir de champs d'action (acteurs internes/acteurs externes) et d'observations plurielles (hommes/femmes, *xasa*/*ɛama*, musulman/juif, etc.). L'établissement de cette ethnographie permettra de combler les nombreux points d'ombre de la littérature existante et de voir si la *nozha* a connu des changements de quelque importance, depuis les années 1930.

Le deuxième objectif est le recueil et l'étude des légendes populaires relatives aux origines de la *nozha*. Mis à part P. de Cénival (1925) qui a tenté d'identifier les faits historiques qui sont à la base du développement de ces légendes, la plupart des auteurs rejettent ces récits populaires comme des fables empruntées aux *Mille et une nuits* et ne leur accordent que peu d'intérêt. Mon souci ne sera pas de vérifier leur véracité historique ou d'identifier leurs sources littéraires, mais de les aborder comme un mythe des origines de la dynastie régnante, constituant un élément structurant dans la dimension culturelle et politique de la *nozha*. Dans cette enquête sur les légendes populaires, la parole sera également donnée aux femmes de Fès, pour identifier le rôle qu'elles jouent dans la transmission de ce type de traditions orales.

Le troisième objectif est de mettre à jour les nombreux documents écrits produits pendant la célébration de la *nozha*[13], de rechercher les documents iconographiques et éventuellement les documents audio-visuels. Ces trois types de documents seront utilisés comme des matériaux ethnographiques qui permettront certainement d'approfondir notre connaissance de cette fête.

Références bibliographiques

Références étrangères[14]

AUBIN, Eugène. 1922 [1903]. *Le Maroc d'aujourd'hui*. 9ème éd. Paris : Librairie Armand Colin. 500 p., carte dépliée hors-texte.

BALANDIER, Georges. 1980. *Le pouvoir sur scènes*. Paris : Éditions Balland. 188 p. (coll. « Le Commerce des Idées »).

BIARNAY, Samuel. 1924. *Notes d'ethnographie et de linguistique nord-africaines*. Publiées par Louis BRUNOT et Émile LAOUST. Paris: Ernest Leroux, « Publications de l'Institut des Hautes Études Marocaines. Tome XII ». IV-272 p.

BRUNOT, Louis. 1935. « Le personnage de Barabbas dans la fête du Sultan des Tolbas à Fès ». p. 7-15. In : *Mélanges Gaudefroy-Demombynes, mélanges offerts à Gaudefroy-Demonbynes par ses amis et anciens élèves*. Le Caire : Imprimerie de l'Institut Français d'Archéologie Orientale. 323 p.

---

[13] Les principaux documents produits pendant la *nozha* sont les suivants : la demande d'autorisation des *Tolba* ; l'autorisation du souverain ; l'acte d'adjudication du sultanat ; le dahir chérifien consacrant la nomination du sultan *Taleb* ; les lettres adressées par les *umana* aux hauts fonctionnaires du Makhzen et de la Résidence ; les dahirs rédigés par les vizirs du sultan *Taleb* au campement ; les textes de *xotba* et la supplique du sultan *Taleb*.

[14] La transcription des termes arabes adoptée par les auteurs est ici respectée.

CÉNIVAL, Pierre (de). 1925. « La légende du juif Ibn Mech'al et la fête du sultan des Tolba à Fès ». *Hespéris*. Vol. 5, n°2, p. 137-218.
CHARMES, Gabriel. 1887 [1885]. *Une ambassade au Maroc* 2ème éd. Paris : Calmann Lévy Éditeur. 343 p.
CHEVRILLON, André. 1999 [1906]. *Un crépuscule d'Islam. Au Maroc en 1905*. Avant-propos du professeur Jean-François DURAND. Casablanca : Eddif. 279 p. (coll. « Bibliothèque Arabo-Berbère »).
DELPHIN, Gaëtan. 1889. *Fas, son université et l'enseignement supérieur musulman*. Paris : Ernest Leroux. 121 p.
DOUTTÉ, Émile. 1905. « La Khot'ba burlesque de la fête des Tolba au Maroc ». p. 197-219. In : *Recueil de mémoires et de textes publiés en l'honneur du XIVe congrès des Orientalistes par les professeurs de l'Ecole Supérieure des Lettres et des Médersas*. Vol. 5. Alger : Fontana. [Nendel/Liechtenstein Kraus Reprint, 1968]. 612 p.
ERCKMAN, Jules. 1885. *Le Maroc moderne*. Paris : Challamel Ainé, éditeur. 304 p., carte dépliée hors-texte.
FRAZER, James George. 1983 [1914]. *Le rameau d'or. Le Dieu qui meurt, Adonis, Atys et Osiris*. Trad. de l'anglais par Pierre SAYN, Lady FRAZER et Henry PEYRE. Introductions de Nicole BELMONT et Michel IZARD. Paris : Éditions Robert Laffont. 754 p. (coll. « Bouquins ».
GAILLARD, Henri. 1905 *Fès. Une ville de l'Islam*. Paris : J. André Éditeur. 186 p., 5 plans, 42 photogravures.
LA MARTINIÈRE, Henri Poisson (de). 1889. *Morocco. Journeys in the Kingdom of Fez and the Court of Mulai Hassan. With itineraries constructed by the author and a bibliography of Morocco from 1844 to 1887*. Préface du Lieutenant-Colonel TROTTER. Londres : Whittaker & CO. 478 p.
LAOUST, Émile. 1921. « Noms et cérémonies des feux de joie chez les berbères du Haut-Atlas et de l'Anti-Atlas ». *Hespéris*. Vol. 1, n°1, p. 3-66 ; Vol. 1, n°3, p. 253-316 ; Vol. 1, n° 4, p. 387-420.
LARRIBE, Commandant, BEL, Alfred. 1917. *Le Maroc pittoresque. Fès. Album de photographies*. Documents du Commandant Larribe, préface et notices par Alfred Bel. Paris : Georges Bertrand Éditeur. 3 tomes.
LE TOURNEAU, Roger. 1949. *Fez avant le Protectorat. Étude économique et sociale d'une ville de l'Occident musulman*. Fès : Publications de l'Institut des Hautes Études Marocaines, vol. 45. 665 p.
LOTI, Pierre. 1889. *Au Maroc*. 33ème éd. Paris : Calmann-Lévy Éditeurs. Réimpression en 1927. 358 p.

MARTY, Paul. 1925 [1924] [15]. « L'université de Qaraouiyine ». p. 2-81. In : *Le Maroc de demain*. Paris : Publication du Comité de l'Afrique Française. 316 p.

MEAKIN, Budgett. 1899. *The Moorish Empire. A Historical Epitome*. London/New York: Swan Sonnenschein & Co. Lim./The Macmillan Company. 576 p.

MEAKIN, Budgett. 1902. *The Moors : A Comprehensive Description*. London/New York : Swan Sonnenschein & Co. / The Macmillan Company. 503 p., 132 ill.

MOUGIN, Roger. 1924. « À propos de la fête des Tolbas à Fès ». *La Pensée Française*. Strasbourg-Paris, 23 juin, p. 25-26.

MOULIÉRAS, Auguste. 1902. *Fez*. Paris : Augustin Challamel, éditeur. 508 p.

PÉRÉTIÉ, A. 1912. « Les medrasas de Fès ». *Archives Marocaines*. Vol. 18, p. 257-372. Paris : Ernest Leroux.

RICARD, Prosper. 1917. « Le printemps à Fès. Le sultan des Tolbas ». *France-Maroc*. N°6, 15 juin, p. 32-35.

RICARD, Robert. 1937. « Ibero Africana », Communication. *Hespéris*. Vol. 24, n°1-2, p. 135-142.

ROULLEAUX-DUGAGE, Georges. 1915. « Un roi de la basoche ». In : *Lettres du Maroc*. Illustrations de E. STOECKEL. Paris : Librairie Plon. 204 p.

TISSOT, Charles-Joseph. 1874. [Document cité par Pierre de CÉNIVAL non localisé].

TROTTER, Philip Durham. 1881. *Our mission to the court of Marocco in 1880 under Sir John Drumond Hay*. Edinburgh : David Douglas. 310 p.

TRUCHET, officier interprète. 1922. *Notice sur la fête du sultan des Tolba de Fez*. Fès : Imprimerie Municipale. 4 p.

Références marocaines

الكتاني إدريس. 1939. "سلطان الطلبة بمناسبة تتويجه في ربيع هدا العام". **مجلة الرسالة**. مجلد **1**، عدد 310، ص. 1147–1150.

[EL-KETTANI, Idriss. "Le sultan des *Tolba* à l'occasion de son intronisation au printemps de cette année". *Al-Risalah*. Vol. 1, n°310, p. 1147-1150. Le Caire.]

الحجوجي، محمد. **1967**. "سلطان الطلبة". **مجلة السياحة**. الخريف.

---

[15] Article publié pour la première fois dans *Afrique française, Renseignements Coloniaux*, nov. 1924.

[LEHJOUJI, Mohamed. 1967. « Le sultan des *Tolba* ». *Majallat assiyaha*. automne.]

العمراني محمد. 1998. جامعة القرويين في ملين 1934-1914.أطروحة لسلك الثالث، لتاريخ.426 ص.الرباط.

[EL AMRANI, Mohammed. 1998. L'université Qarawiyine de 1914 à 1934, *thèse de 3ème cycle en histoire*. Rabat. 426 p.]

المنيعي حسن.1994. المسرح المغربي، من التأسيس إلى صناعة الفرجة. فاس: منشورات كلية الآداب ظهر المهراس. 128 ص.

[LEMNIÂI, Hassan. 1994. *Le théâtre marocain, de la fondation à la fabrication du spectacle*. Fès : Publications de la Faculté des Lettres et des Sciences Humaines Dahr El-Mehraz. 128 p.]

بحراوي حسن. 1994. المسرح المغربي، بحث في الأصول السوسيوثقافية. الدار البيضاء: المركز الثقافي العربي. 135 ص.

[BAHRAOUI, Hassan. 1994. *Le théâtre marocain, recherche des origines socioculturelles*. Casablanca : Centre Culturel Arabe. 135 p.]

الهادي عبد المطلب. 1996. "عن المسرح وأساليب صناعة الفرجة". جريدة الاتحاد الاشتراكي. عدد 4749، غشت، ص 6.

[EL HADI, Abd Elmoutalib. 1996. « Sur le théâtre et les modes de fabrication du spectacle ». *Al-Itihad al-Ichtiraki*. N°4749, août, p. 6.]

الناجي سعيد. 1999. "صناعة الفرجة في احتفال سلطان الطالبة". مجلة فكر ونقد. عدد 15.ص.79-96.

[ENNAJI, Saïd. « La fabrication du spectacle dans la fête du sultan des Tolba ». *Majalat Fikr wa Naqd*. N°15, p. 79-96.]

Chapitre 6. Le nom de personne dans l'oasis de Figuig : un système de codification des relations sociales

Introduction

La scène se déroule à Figuig, dans un bureau d'état civil, lors d'une campagne nationale d'enregistrement des personnes sans carte d'identité. Le fonctionnaire, arabophone et nouveau venu dans l'oasis, demande leur nom et prénom à deux vieilles femmes exclusivement amazighophones. Emmitouflées dans leur haïk, elles le scrutent de leur seul œil découvert, peinant à comprendre ce qu'il leur dit. La plus hardie lui répond « Na Moussa » (*nna musa*). Surpris il lui fait répéter deux fois avant de griffonner sur son registre en marmonnant. Puis il interpelle la seconde femme qui se présente ainsi : « Ja Moussa » (*jja musa*). Cette fois, le fonctionnaire s'arrache à son siège et lève les mains au ciel pour implorer son bon Dieu qui l'a envoyé en ces contrées sauvages peuplées d'humains avec des noms d'insectes et de ruminants.

Le fonctionnaire, victime de l'homonymie entre ces noms de personnes amazighes et les noms arabes du moustique (الناموسة) et du buffle (الجاموسة) femelles, ne peut comprendre que le dénominatif déclaré par les deux vieilles sœurs est leur nom officiel, celui par lequel elles sont connues à l'échelle de leur communauté. Ces noms, conformes au système d'appellation local, sont composés d'un diminutif du prénom sacrificiel de l'individu (*nna* et *jja* dérivent respectivement de Fanna et Khadija), suivi du nom du patrilignage (Moussa)[1].

Cette anecdote véridique montre à quel point les noms de personne figuiguiens peuvent être opaques à toute personne étrangère à la culture locale. La compréhension des noms locaux est d'autant plus difficile du fait qu'à chaque individu peuvent correspondre une série de dénominatifs (diminutifs simples, diminutifs composés, surnom personnel et/ou surnom héréditaire), dont l'usage varie constamment selon le contexte d'interaction ou de référence où il s'inscrit.

Que signifie ce feuilletage de noms ? Comment expliquer cet usage intensif de diminutifs qui ailleurs fonctionnent comme de simples hypocoristiques[2] et qui semblent ici remplir d'autres fonctions que l'expression de l'affection ou de la proximité ?

L'objet principal de cette communication est donc d'analyser les fonctions que remplissent les diminutifs dans le système d'appellation de cette oasis amazighe. Mais pour être à même de comprendre le rôle des diminutifs dans ce système, il est nécessaire au préalable d'étudier le nom de personne dans toutes ses dimensions. Car comme l'a souligné Zonabend (1980 :10), chacune des appellations de l'individu « obéit à des règles

---

[1] L'usage le plus courant à Figuig est de faire précéder le patronyme du préfixe de filiation « Ou » (fils de) (féminin « Out », fille de), équivalent de l'arabe Ben (féminin Bent). Ce qui donnerait dans le cas présent Na Out Moussa (*nna ut musa*) et Ja Out Moussa (*jja ut musa*). Mais il arrive que ce préfixe signalant et précisant l'appartenance familiale soit omis pour certaines personnes ou pour certains noms.

[2] On désigne ainsi une forme linguistique qui exprime une intention affectueuse, caressante. Par exemple, les termes formés avec des suffixes diminutifs (fillette) ou par redoublement de syllabe (fifille) sont des hypocoristiques. De même que les appellatifs affectueux tels que Lapinou, Chouchou ou Cocotte. Les prénoms diminués (Véro, Jean-Mi, Fati) ou formés avec un suffixe de diminution (Annette, Jeannot, Maryama) sont également des appellatifs hypocoristiques.

particulières d'allocation et de transmission ; chacune de ce fait parle un langage particulier » et l'on ne peut comprendre les fonctions sociales qu'assume le nom de personne chez un groupe particulier que si l'on a dûment répertorié et analysé toutes ses composantes.

Les données utilisées dans ce travail ont été recueillies, par observation participante ou dans le cadre de conversations ordinaires, auprès d'habitants du ksar Zenaga, qui est le ksar le plus peuplé de l'oasis (7000 habitants sur 12500), mais aussi le plus attaché à l'identité amazighe[3]. Le corpus constitué comporte 117 prénoms, dont 59 féminins et 48 masculins (Voir Tableaux 3 à 6, p. 202 à 204)[4].

L'objectif de ce travail n'étant pas de faire un recensement des noms nouveaux, ni de faire une étude de la dynamique contemporaine de la prénomination, seuls les prénoms nouveaux très courants (22 féminins et 8 masculins) et ayant des dénominatifs reconnus ont été retenus. À ces 117 prénoms correspondent 181 diminutifs simples (110 féminins et 71 masculins), ainsi que 29 diminutifs composés (2 féminins et 27 masculins).

---

[3] Les six autres ksour du plateau (*ifyyey n ujənna*, « le Figuig du haut ») sont plus touchés par le processus d'arabisation et de changement socioculturel, d'une part parce qu'historiquement leur population comporte plus de lignages d'origine arabe que le ksar Zenaga (*ifyyey n wadday*, le « Figuig du bas »), et d'autre part parce qu'ils sont actuellement les plus ouverts à l'accueil des migrants provenant de l'intérieur du pays ou à l'intégration des familles Béni Guil ou Béni Amor (tribus arabes nomades de la région).

[4] Je remercie Fouad Saa (Université Sidi Mohamed ben Abdellah) pour la révision de la transcription phonétique de ce corpus d'anthroponymes.

Le prénom sacrificiel : Un marqueur de l'identité religieuse et familiale

À Figuig, comme dans toutes les sociétés de culture musulmane, le nourrisson reçoit un nom lors de son septième jour de vie. La nomination (*təsmiya*) donne lieu à un sacrifice de bélier au cours duquel le sacrificateur murmure le dénominatif choisi dans l'oreille de la victime avant de l'immoler.

Existe-t-il ici des « règles » d'attribution du prénom ? Et qui sont les agents traditionnels de la nomination ?

Selon le rang du nourrisson dans sa fratrie, l'identité des agents du choix du prénom sacrificiel est variable. Pour les premiers nés des deux sexes, on accorde traditionnellement le privilège de la nomination aux grands-parents paternels (*imɣarən*[5], *iməqranən*)[6]. La croyance à la transmission de la baraka des séniors à travers le nom est encore très présente dans les esprits. Par ailleurs, le fait de leur laisser le soin de nommer les premiers nés est considéré et requis comme l'expression du respect dû non seulement à leur âge mais aussi à leur statut supérieur au sein de la famille élargie (*tiddart*)[7].

Quant aux cadets d'une fratrie, on considère que leurs parents peuvent les nommer par eux-mêmes. Mais si le

---

[5] Le terme *imɣarən*, littéralement « les grands » ou les « chefs » désignent l'homme (*amɣar*) et la femme (*tamɣart*) ayant des fils mariés avec enfants. Dans la nomenclature de parenté locale, *amɣar* et *tamɣart* sont les termes de référence désignant pour ego féminin le beau-père et la belle-mère.

[6] Le terme *iməqranən*, littéralement « les grands » est un terme générique équivalent à « aînés » ou « séniors » qui sert à désigner toutes les personnes plus âgées qu'ego, qu'il y ait ou non une relation de parenté ou d'alliance.

[7] À Figuig, un même vocable, *tiddart*, recouvre à la fois la notion de « famille » et la notion de « maison ». Voir Abdelkrim Saa (2012 : 52).

nom choisi ne plaît pas, il y a négociation entre le couple et les séniors. Par ailleurs, d'autres membres du patrilignage de l'enfant cadet, voire de celui de sa mère peuvent intervenir dans le choix de son prénom. Les oncles et tantes paternels et maternels, ainsi que les grands-parents maternels peuvent en effet également participer à la nomination d'un(e) cadet(te). Ici le choix porte le plus souvent sur les noms d'un(e) aïeul(e), vieil oncle ou vieille tante, récemment décédé(s) ou encore en vie. Le prénom sacrificiel est donc considéré comme un vecteur de la baraka des séniors ; les vivants qui l'attribuent à l'individu et les défunts dont on veut perpétuer le souvenir à travers le nouveau-né. La formule utilisée pour décrire le choix du prénom d'une(e) défunt(e) ne laisse aucun doute sur la fonction de réincarnation symbolique accordée au nom. On dit par exemple d'une personne qui a donné le nom de son défunt père à un nouveau-né : « *issəħya dd ppas* » (il a fait revivre son père) ou « *isskker dd ppas* » (il a réveillé son père)[8].

Lorsque l'on observe de près la tradition de nomination des premiers nés, on constate que le choix des grands-parents paternels est plutôt limité. Il existe, en effet, une préférence collective marquée pour un nombre réduit de noms du Prophète Mohamed, et de ses plus proches. Ainsi, pour une première petite-fille, le choix peut porter sur Fatima, Khadija ou Aïcha, qui sont respectivement le prénom de la fille du Prophète, et ceux de ses épouses préférées. Pour un premier petit-fils, le choix du prénom porte sur les quatre noms suivants, dans l'ordre de

---

[8] Dans son analyse des stratégies de prénomination kabyles, Bourdieu souligne que les prénoms fonctionnent comme des « marqueurs généalogiques », des « emblèmes de lignée » dont l'appropriation est équivalente à une captation symbolique du « capital symbolique accumulé par une lignée » et prédestine l'enfant à « succéder dans ses charges et ses pouvoirs » à l'aïeul ainsi « ressuscité » (Bourdieu, 2000 : 100-101).

préférence : Mohamed, Ahmed, Mostafa ou Belqacem. Mohamed, premier nom du Prophète revêt une importance particulière dans la nomination des premiers-nés masculins puisqu'on considère que tout premier garçon né d'une femme doit être ainsi nommé. Ce qui fait qu'un homme qui a eu plus d'une épouse peut avoir deux, trois, voire plus de fils nommés Mohammed. Ce qui revient à dire que le nombre de Mohamed chez un père peut se révéler un indicateur de polygamie ou de remariage. Si la polygamie existe à Figuig, elle reste un fait plutôt rare. Le plus souvent les hommes ayant eu plus d'une épouse sont soit des veufs, soit des hommes aux relations matrimoniales instables qui ont connu un divorce ou plus.

Concernant la dation d'un prénom sacrificiel aux cadets, là aussi les parents ont traditionnellement le choix dans un stock limité de noms, issus de la culture arabo-musulmane ou typiquement amazighs. Bien que les habitants de Figuig soient en majorité d'origine amazighe, les noms à consonance berbère sont plutôt rares. Les prénoms anciens perçus comme amazighs sont surtout des dénominatifs féminins, tels que Âetou (*εəttu*) [9], Âetouma (*εttuma*), Belou (*bəllu*), Channa (*canna*), Chila (*cila*), Setti (*sətti*), Taâmert (*ṯṯaεmərt*), Talhyant (*talḥyant*), Tiba (*ṯṯiba*), Voutha (*vvuṭa*), ou encore Zana (*zana*). Ces prénoms ne sont plus portés que par de très vieilles femmes (*tiwsarin*). Du côté des hommes, des prénoms tels que Bediar (*bəddiar*), Tijini (*ttijini*), Âama (*εəmma*) et

---

[9] La recherche des origines des prénoms n'entre pas dans les objectifs tracés à ce travail, mais on ne peut s'empêcher de rapprocher ce Âétou de Ito, prénom courant chez les Amazighs du Moyen Atlas. Un prénom perçu et considéré par beaucoup comme un « pur » prénom amazigh, mais qui serait, selon El Kayat (2006 : 67), un dérivé de Fatima.

Âetan (ɛəttan)[10], présentés comme d'anciens noms amazighs sont également en déperdition.

Jusqu'ici le modèle de prénomination de Figuig présente des caractéristiques similaires aux modèles d'autres groupes amazighes, dans le sens où la nomination rituelle au septième jour de vie constitue ici comme ailleurs à la fois un rite d'intégration dans la communauté musulmane (l'Umma) et un rite d'agrégation à la communauté locale. En effet, le prénom sacrificiel constitue un marqueur de l'identité musulmane et assume une fonction religieuse similaire à celle du prénom de baptême dans les communautés chrétiennes[11]. Ce premier dénominatif constitue également un marqueur de l'identité familiale, puisqu'il est de notoriété que certains prénoms sont étroitement associés à certaines familles où ils se répètent à chaque génération. Par ailleurs, le stock des prénoms préférentiels connaît des variantes lorsque l'on est en présence de familles de souche amazighe (izznayən), de familles se réclamant d'une ascendance arabe et/ou chérifienne, ou de descendants d'anciens esclaves (iħərkkasən). Chez les deuxièmes, les prénoms choisis sont le plus souvent ceux faisant référence à l'Islam[12]. Tandis que c'est chez les premières que l'on trouvera le plus souvent les anciens prénoms à consonance

---

[10] Malgré leur consonance proche de Tijani, Omar et Othman, ces trois derniers prénoms masculins ne sont pas considérés comme leurs dérivés et sont attribués comme noms sacrificiels entiers.

[11] Christian Bromberger rappelle que dans les sociétés européennes où « la déclaration du nom de famille consacre l'existence sociale, celle du prénom (nom de baptême) la filiation spirituelle et l'insertion dans la communauté chrétienne », l'enfant non baptisé est perçu comme un Maure, un être à l'humanité incertaine, voire comme un animal (1982 : 112).

[12] Les prénoms du Prophète et de son proche entourage déjà cités, des noms masculins composés du morphème Abd, ainsi que d'autres noms de parents ou disciples du Prophète : Lhoussine, Boubaker et Othman par exemple. Voir Tableau 4, p. 203.

amazighe cités plus haut. Quant aux descendants d'esclaves, ils peuvent puiser dans le stock amazigh comme dans le stock arabo-musulman mais ont toutefois un certain nombre de prénoms qui leur sont spécifiques et qui annoncent d'emblée leur appartenance au groupe des figuiguiens noirs (*ibərcannən*). Par exemple, les dénominatifs suivants sont reconnus par tous comme étant des prénoms de femmes noires : Messâouda (*mesɛuda*), Saâda (*saɛda*), Bachira (*bacira*), Keddoura (*qəddura*).

Le prénom sacrificiel peut donc ainsi remplir une fonction de classification sociale majeure en inscrivant l'individu non seulement dans une lignée et une tradition nominative familiales, mais aussi dans un groupe social bien distinct.

De même que les dénominatifs rares, sortant de l'ordinaire, sont comme des livres ouverts rappelant constamment les circonstances de la naissance de l'individu. Il en est ainsi de deux frère et sœur, Behous (*bəħħuš*) et Tabehoust (*tabħušt*), dont la mère faisant régulièrement des fausses couches a sacrifié au marabout Sidi Behous[13] et lui a promis de lui consacrer tout enfant vivant. Ce type de nom classe leur porteur dans la catégorie des « maraboutiquement assistés ».

Le prénom légal : Objet de conflits intrafamiliaux

S'il est un marqueur pertinent de l'identité religieuse, communautaire et familiale, le prénom peut également être observé à la fois comme un indicateur des changements

---

[13] Le sanctuaire de Sidi Behous se trouve à plus de 40 kilomètres de l'oasis sur la route du Barrage de l'Oued Sefssif. Il se trouve sur le territoire des Béni Guil qui le vénèrent et lui sacrifient régulièrement. La baraka de ce marabout est sollicitée par tous ceux qui ont des difficultés soit à se marier, soit à enfanter.

socioculturels que connaît l'oasis depuis l'époque coloniale, et comme un indice du degré d'ouverture des familles locales aux effets de mode qui ont touché les pays du Maghreb depuis la décolonisation. En effet, le stock figuiguien, s'est progressivement enrichi de nouveaux prénoms arabes en vogue dans les villes marocaines ou algériennes ou popularisés par la chanson arabe, la télévision ou le cinéma (Voir Tableau 5 et Tableau 6, p. 204.). Leur introduction dans l'oasis est l'œuvre notamment des jeunes pères migrants. Mais leur adoption ne s'est pas faite sans résistance de la part des séniors ou des épouses restées au pays.

Ainsi depuis l'établissement de l'état civil en 1956, un certain nombre de Figuiguiens des deux sexes se sont retrouvés affublés de deux prénoms : d'un côté un « prénom légal », inscrit sur tous leurs papiers d'identité, de l'autre le « prénom usuel » et son (ses) diminutif(s) dérivé(s), par lesquels l'individu est connu et nommé au sein de sa famille et de la communauté entière. Car, si les jeunes pères ont acquis grâce à l'État le pouvoir de déclarer officiellement un prénom et de fixer ainsi par l'écrit leur volonté nominative, il n'en reste pas moins qu'au sein de la famille élargie, l'attribution du prénom reste subordonnée à l'accord des séniors, des épouses, et de tout autre parent(e) ayant assez de poids pour s'interposer au choix du père. Ce dernier sort rarement vainqueur de cette bataille du prénom. Particulièrement exemplaire est le cas d'une jeune femme née en 1956, inscrite par son père au registre de l'état civil de Béchar sous le nom de Zohra, mais connue par tous sous le nom de Saliha choisi par sa mère. Pour résumer cette bataille du prénom entre les deux parents, la sœur de l'intéressée utilise la formule suivante qui révèle que le choix du père comme celui de la mère avaient pour objectif de fêter et marquer en quelque sorte le début d'une ère nouvelle qui s'ouvre avec l'indépendance du pays : « *imma tqar̲ as tse̲lḥ dunit, p̲pa iqar̲ as tz̲her̲ dunit* » (Mère lui disait le monde s'est amélioré, Père lui disait le monde est rayonnant).

Un certain nombre de prénoms féminins nouveaux sont particulièrement populaires dans le Ksar Zenaga et ont été introduits de manière massive à partir de 1956. Sans doute du fait de leur consonance proche des prénoms anciens portés par les séniors, ils représentent un compromis entre le traditionnel et le moderne. Par exemple, Tbachirt (*tbacirt*), Johra (*jjohra*), Hniya (*hniya*) et Mansoura (*mənsu̲ra*) deviennent respectivement Bouchra (*bucr̲a*), Jawhara (*jawhar̲a*), Hana (*hana'*) et Nassira (*nas̲ira*). Du côté des hommes, ce sont surtout des prénoms composés du préfixe Abd qui ont été introduits dans les années 50 (Voir Tableau 6, p. 204). Le plus populaire d'entre eux étant celui du leader de la résistance rifaine, Abdelkrim El Khattabi.

Les noms talismans des nourrissons

Dans ses quatre premiers mois de vie, voire au-delà, le nourrisson est rarement appelé par son prénom sacrificiel ou par un diminutif dérivé. Ce tabou sur le nom des bébés dans cette période de grande fragilité physique et morale[14] signale une forte identification de la personne à son prénom. Ce dernier étant considéré comme un vecteur potentiel d'attaques de forces malfaisantes. Le plus souvent, pour parler des enfants en bas âge, on utilise un

---

[14] Comme dans la plupart des sociétés musulmanes, il existe une croyance que les nourrissons peuvent être victimes du mauvais œil ou la proie de djinns qui cherchent à les échanger contre leurs propres enfants. Voir Gélard (2012 : 5616) et Aubaile-Sallenave (1999 : 126-128).

terme générique qui indique leur genre, mais ne renseigne ni sur leur identité personnelle, ni sur leur appartenance familiale. Ainsi, tous les bébés filles sont nommés *ḥerruda* ou *taḥerrudt*. Tandis que pour tous les bébés masculins, on utilise le terme *kuddan*. Il existe un autre terme local, *baṛa* (nom masculin), qui – comme son équivalent français « bébé » – désigne les nourrissons des deux sexes[15]. Mais il est aujourd'hui en déperdition et n'est plus en usage même chez les vieilles générations.

Les termes génériques sexués, *kuddan* et *ḥerruda*, ont sans aucun doute comme fonction magico-symbolique la protection contre le mauvais œil et les entités surnaturelles[16]. Mais si l'on considère le caractère fortement hiérarchisé des rapports aînés/cadets prévalent dans cette société oasienne, on peut postuler que les noms talismans servent également à marquer et signaler le statut inférieur des nourrissons, dans cette période de liminalité, où en tant que nouveaux membres ils n'ont pas encore acquis ou affirmé une identité propre au sein de la maisonnée. On peut considérer que le bébé est totalement intégré à sa famille à partir du moment où ses proches lui attribuent un diminutif dérivé de son prénom sacrificiel.

---

[15] Deux autres termes désignant les nourrissons et reflétant leur genre m'ont récemment été signalés par Fouad Saa. Il s'agit de *ajeṛṛud* (masculin) et *tajeṛṛudt*, deux termes de référence qui sont également en déperdition et dont je n'ai pas pu vérifier les contextes d'usage et les fonctions.

[16] Dans le Sous par exemple, des prénoms propitiatoires, tels qu'Aârab (*aɜṛab*) et Tla-Aytmas (*tla-aytmas*), sont attribués au nourrisson dont la mère a déjà eu plusieurs mort-nés ou perdu plusieurs enfants en bas-âge. Aârab, prénom talisman masculin, signifie l'Arabe, c'est-à-dire l'étranger, l'autre, le mauvais bébé sans intérêt pour les forces surnaturelles et les jeteurs de sort. Tandis que Tla Aytmas, prénom talisman féminin, signifie « elle a des frères » et a pour fonction non seulement de protéger le bébé qui le porte mais aussi de lui souhaiter d'avoir de nombreux frères. Pour le choix de prénoms propitiatoires chez les tribus amazighes du Sud marocain, voir Gélard (2012, 5618).

L'intégration de l'enfant dans une communauté plus large viendra lorsqu'il/elle sortira jouer dans les ruelles de son quartier (*ayir*) et que ses compagnons/gnes de jeux commenceront à se référer à lui/elle par un nom composé d'un diminutif et de son nom de famille.

Le nom de famille : Un « classificateur de lignée »

Quelles sont les caractéristiques du modèle de nomination figuiguien ? Les noms de personne sont-ils similaires à ceux d'autres groupes amazighs ou présentent-ils des différences remarquables ?

La première particularité du système anthroponymique figuiguien est que le prénom entier attribué à l'individu au septième jour de vie est rarement utilisé pour l'appeler ou pour se référer à lui. Le plus souvent, les noms de personne sont composés d'un diminutif dérivé du prénom sacrificiel suivi de son patronyme.

La deuxième particularité de ce système est l'existence même d'un stock important de noms de famille[17] qui entrent dans la composition des noms de personne. Contrairement à d'autres communautés marocaines et maghrébines où, en l'absence de noms patronymiques, l'individu était identifié par son prénom suivi du prénom de son père[18], les Figuiguiens possèdent un stock

---

[17] Dans un essai de recensement des patronymes du Ksar Zenaga, Youssef Khalloufi (2011) a collecté 75 noms de famille. Mais sa liste est loin d'être exhaustive et ne donne qu'une petite idée de l'importance du stock du plus grand ksar de Figuig.

[18] Si dans un souci de précision, on rappelle les noms des ascendants de l'individu sur plusieurs générations, le nom de personne devient un « chapelet de prénoms » selon l'expression de Fellag dans *Le dernier chameau* (2005).

considérable de noms de patrilignages, dont beaucoup sont passés au rang de patronymes officiels à partir de 1956[19].

Dans leur forme amazighe, les patronymes figuiguiens sont composés d'un nom de lignée patrilinéaire, précédé de la particule « At » (*at*) qui marque l'identité amazighe : At Doudou, At Dadi, At Dunan, At Hemmou, At Gagou, At Qadi, At Hekkou, etc.

Dans le processus d'adaptation au « canon administratif » de l'état civil, les patronymes formés à partir des anciens noms de clans ou lignages perdent systématiquement le préfixe « At » et subissent parfois des modifications morphologiques, plus ou moins importantes. Par exemple, At Moussa (*at musa*), At Âabelheq (*at εəbdlħəq*), At Âmara (*at εmara*) et At Bouras (*at buras*) deviennent respectivement Moussaoui (*musawi*), Hekaoui (*ħqqawi*), Ben Âmara (*bən εmara*) et Bourassi (*burasi*).

Au quotidien, il est fait un usage intensif des patronymes et leur morphologie traditionnelle reste prédominante dans le système d'appellation. Ces noms de familles jouent un rôle important non seulement dans l'identification, mais aussi dans la classification des individus. En effet, l'appartenance patrilignagère est toujours rappelée dans le nom composé que l'individu lui-même utilise pour se présenter, ou qui est utilisé en son absence pour se référer à lui, dans la famille proche comme dans des cercles plus larges (voisinage, ksar, oasis, pays ou ville de migration). Le nom de famille est ici selon l'expression de Claude Lévi-Strauss[20] « un classificateur de lignée », qui non seulement inscrit l'individu dans une

---

[19] Au moment de l'établissement de leur livret d'état civil, certains figuiguiens n'ont pas gardé leur nom héréditaire, soit qu'ils aient totalement changé de nom, soit qu'ils aient adopté comme nom de famille un surnom personnel ou un surnom héréditaire. Les raisons du choix et du changement de nom de famille sont en soi un sujet d'étude intéressant mais que cette enquête n'a pas pu développer.

[20] Cité par Françoise Zonabend (1980 : 11).

lignée mais rappelle quotidiennement sa filiation. Ainsi pour indiquer et marquer l'appartenance familiale de l'individu, le patronyme est souvent précédé de la particule de filiation Ou (*u*) pour un homme et Out (*ut*) pour une femme.

Exemples de noms d'hommes : Seman Ou Bouras (*səmman u buras*) ; Bouâziz Ou Merzouk (*buɛziz u mərzuq*)[21]. Exemples de noms de femmes : Khama Out Lâabed (*xamma ut lɛabəd*), Kha Hekkou (*xxa həkku*)[22]. Dans le cas d'une femme mariée, sa position de bru dans une famille est marquée par l'adjonction de la particule n-At (*n-at*). Exemple : Tima Out Lhaj (*ttima ut lħaj*) devient Tima n-At Âmara (*ttima n-at ɛmara*) ou Tima Out Lhaj n-At Âmara pour plus de précision.

Comme les prénoms, certains patronymes sont souvent un indicateur de l'appartenance à l'un des sous-groupes locaux du ksar Zenaga : lignages d'ascendance chérifienne, lignages de descendants d'esclaves, voire l'appartenance à l'un des autres ksour de l'oasis.

Les diminutifs de prénoms

Dans l'oasis de Figuig, au moins un diminutif correspond à chacun des prénoms féminins et masculins d'usage ancien (Voir Tableau 3, p. 202 et Tableau 4, p. 203). Seuls les prénoms les moins courants ou d'introduction récente semblent échapper à cette « règle diminutive » systématique. La coutume de tronquer les prénoms n'est

---

[21] *səmman* et *buɛziz* sont respectivement des dérivés de Sliman et Abdelaziz.
[22] *xamma* et *xxa* sont respectivement les diminutifs de Khatima et Moulkhir.

en rien spécifique à Figuig et peut encore être retracée dans nombre d'autres régions marocaines[23].

Toutefois, le modèle anthroponymique figuiguien présente des traits particuliers qui indiquent, qu'ici, les diminutifs de prénom sont plus que de simples hypocoristiques traduisant une relation de proximité et d'affection entre celui qui nomme et celui qui est ainsi nommé. Par ailleurs, l'usage des diminutifs comme composant principal du nom de personne, en terme d'appel et de référence, aussi bien dans le cercle restreint de la proche parenté que dans le cercle plus large du ksar porte à s'interroger sur leurs fonctions sociales à l'échelle de la communauté figuiguienne.

Avant de traiter la question des usages et fonctions sociales de ces appellatifs coutumiers, voyons tout d'abord quels sont les procédés mis en œuvre pour les obtenir.

---

[23] Ce phénomène peut encore être observé à Missour, Tinghir, Boumalne et Tiznit par exemple.

Tableau 3 : **Diminutifs des prénoms féminins d'usage ancien**[1]

Prénoms	Prononciation	*azəmzi*	*asəmyər*
Aïcha	ɛica	maca	cca, acca
Âétou	ɛəttu		ttu
Âétouma	ɛəttuMa		ɛəttu
Batoul	batul		mamma, batul
Dawya	ddawya		yaya
Dehbiya	ddəhbiya	bayya	yaya
Fadila	fḍḍliya		zza
Fatima	faṭima	ttima, titti, bitti, batti, fṭṭum, fṭṭuma	tatta
Fanna	fanna		nanna, mamma
Hadda	ḥadda		dda, dadda
Hetta	ḥḥətta		ta
Halima	ḥalima	ḥlima, ḥelum	mama, ḥḥa, ḥanna
Hefsa	ḥəfSa		vva
Hemmouya	ḥəmmuya		yaya, mamma, ḥəmmuya
Khadija	xadija	xijja, xdduj, duduj, ttujja, mmadduj	jja
Khatima	xatima		xamma
Khetou	xəttu		ttu
Khira	xira		xxa
Lyacout	lyaqut		yaya
Mansoura	mənSuRa		sula
Mekhtara	məxṭara	xəttala	tatta, lalla
Mekkiya	məkkiya	kiya	iyya, yayya
Menzoula	mənzula		yaya
Mimouna	mimuna	tamimunt	
Moulkhir	mmulxir	maxxa, xaya, xil	xxa
Rabiâa	rabiɛa	biɛa	ɛɛa, vavva, vva
Rkiya	rqiya	qiya	ya
Saâda	saɛda		dadda
Saâdiya	ssɛdiya		yaya
Safya	SFiya		vavva, yaya
Setti	sətti		tti
Tabchirt	tbacirt	bubuc	mamma
Voutha	vvuṭa		vuvvu
Yamina	yamina	mina, mənna, mnnina	nna, nanna
Zehra	zəhra		zaza, zazza
Zineb	zinəb	zənnuba	nnu, zazza
Zoulikha	zulixa	zu, maxxa, zuqa	xxa

[1] Les termes *azəmzi* et *asəmyər* désignent respectivement les diminutifs cadets et les diminutifs séniors. Voir infra les usages et fonctions sociales de ces diminutifs (p. 211 et seq.).

Tableau 4 : **Diminutifs des prénoms masculins d'usage ancien**

Prénoms	Prononciation	azəmzi	asəmyər
Abdelaziz	ɛabdlaɛziz	ɛziz, ɛaziz, baɛziz	buɛziz, ɛzizi, datta ɛzizi
Abdelhak	ɛəbdəlħəqq	ħħeqq	mmu ħħəkk, mmu bħħəqq
Abdeljabbar	ɛəbdljəbbar	ppali, ffa	babba
Abdelkader	ɛəbdləqadər	qada	qqa, datta qada
Abdellah	ɛəbdla	bəlla	baba
Abdeljalil	ɛabdləjlil	jalil	ja
Abdnebbi	ɛəbdənnbi		ppi
Abderrahman	ɛəbdrəhman	baħħu	ħħu, ppaħħu
Abderrazak	ɛəbdrrezaq	bazzag	
Abdsalam	ɛəbdsslam	bassa, baslam, ppassi	ssa, sassa
Ahmed	ħməd	ħida	duttu, datta, mmu duttu
Âamma	ɛəmma		datta ɛəmma
Belqacem	bəlqasəm	baqqu	qu
Belkhir	bəlxir		datta bəlxir
Bouâlam	buɛlam		datta buɛlam
Boubaker	bubkər	bubkka	kka, datta kka
Boubcher	bubcər		mmu bubcər
Boujemâa	bujəmɛa		buɛɛa
Bouziyan	buziyyan	bazza	zazza
Brahim	brahim	bahu, wu	vvu
Hassan	ħasan		datta ħasan
Hemou	ħəmmu		datta ħəmmu
Jelloul	jəllul		ja, datta jəllul
Jilali	jilali		lali, datta jilali
Keddour	qəddur		datta qəddur
Lâarbi	lɛarbi	ɛrrub	vvu, ɛəvvi
Lhoussine	lħusin	ħəssi	datta ħəssi
Mansour	mənsur		datta mənsur
Mbarek	mbarək		datta mbarək
Mekki	məkki	kkawi	datta kkawi
Merzouq	mərzuq	bəzzuq	
Mohamed	muħməd	mumu, mmani, ħəmman	mmu, mmu datta
Mostafa	məstafa	fafa, ffaya	ffa, mmu ffa
Omar	ɛumr		datta ɛumr
Othman	ɛətman	ɛəttan	datta ɛətman
Salem	saləm		ssa, datta saləm, ppa saləm
Seddiq	ssəddiq	sttiq	
Sliman	sliman	səmman	ssa, datta səmman
Tayeb	ttayyeb		bʷu, bibi
Tijini	ttijini	jini	datta jini

Tableau 5 : **Diminutifs des prénoms féminins d'usage récent**

Prénoms	Prononciation	azəmzi	asəmyər
Asmae	asma	sma	
Awatif	ɛawatif	tif, tiftif	
Aziza	ɛaziza	ɛzzuz	zza
Fatiha	fatiħa	tiħa	
Fouziya	fuziya	fuffu	
Habiba	ħabiba	biba	
Hayat	ħayat	yayat	
Karima	karima	kərrum, kərruma	
Kawakib	kawakib	kawa	
Kenza	kənza	zza	
Latifa	latifa	tifa, tutuf	
Malika	malika	makka	
Meryem	MaRYam	mryama	na
Nadia	nadiya	yaya	
Naïma	naɛima	nɛɛum, nɛɛuma	
Najat	najat	jajat, jaja, zazat	
Nassira	NaSiRa		sula
Sakina	sakina	kina, skun, skukun, kuna	
Saliha	SaLiħa	səluħa, səLuħ, lalluħ, malluħ	
Salima	salima	səlluma, səllum	
Shahrazade	cahrazad	cahra	
Soumiya	sumiya	miya	
Touriya	turiya	tuttu, tuya	

Tableau 6 : **Diminutifs des prénoms masculins d'usage récent**

Prénoms	Prononciation	azəmzi
Abdellatif	ɛəbdltif	latif
Abdelhafid	ɛəbdləħfid	ħafid
Abdelhakim	ɛəbdlħakim	ħakim
Abdelkarim	ɛəbdləkrim	karim, kari, kərru, kərrum
Abdarrachid	ɛəbdracid	racid, raced
Abdussamad	ɛabdsamad	samad
Souhayl	suhayl	shul
Zakariya	zakariya	zakar

Procédés de diminution des prénoms

Quelles sont les caractéristiques du modèle figuiguien de diminution des prénoms ? Existe-t-il des normes linguistiques objectives qui président à la formation des diminutifs ou se fait-elle de manière aléatoire ?

Premièrement, on observe que la diminution des prénoms ne peut être expliquée par leur longueur. En effet, même les prénoms les plus courts ont des diminutifs. Par exemple, les prénoms féminins suivants : Hettta (*ħətta*), Setti (*sətti*) et Aïcha (*εica*) qui donnent respectivement *tta*, *tti* et *cca* (Tableau 3, p. 202).

Deuxièmement, en prenant comme critère de classification la relation des diminutifs au prénom entier de leurs porteurs, on peut distinguer les trois catégories suivantes.

1. Les diminutifs conventionnels simples. Dans cette première catégorie entrent tous les diminutifs dont le lien avec un prénom est socialement forte, c'est-à-dire reconnue à l'échelle de la communauté. Un diminutif reconnu permet d'inférer le prénom sacrificiel de leurs porteurs, sans grand risque de se tromper à condition de ne pas être commun à plusieurs noms. Comme par exemple *yaya*, diminutif féminin commun aux six prénoms suivants : Dawya, Dehbiya, Hemmouya, Lyaqout, Mekkiya et Saâdiya[1].

2. Les diminutifs conventionnels composés. Cette catégorie regroupe tous les appellatifs composés soit de deux diminutifs reconnus (*mmu duddu, mmu ffa, mmu gəzzuz*), soit d'un diminutif reconnu, précédé ou suivi d'un terme de parenté (*mmu xuya, datta səmman, tatta εəmi, jja xatti*). Là aussi le diminutif conventionnel principal peut permettre de reconnaître le prénom entier de l'individu.

---

[1] Pour la prononciation locale de ces prénoms, voir Tableau 3, p. 202.

3. Les diminutifs non conventionnels ou éloignés du prénom. Ceux-là peuvent être simples ou composés comme les précédents, mais ils n'ont aucun lien reconnu socialement avec le prénom sacrificiel de leur porteur. Ils s'apparentent plus à des surnoms spécifiques à un individu ou une tradition familiale[2]. Par exemple : Tima Âmara (*ttima ɛma<u>r</u>a*), Tima Ali (*ttima ɛli*) et Tima Fenzara (*ttima fənzara*) sont appelées respectivement par tous leurs proches *zaza, ɛzaza* et *yaya* alors que le diminutif conventionnel de leur prénom sacrificiel (Fatima) est *tatta*.

Par quels procédés de diminution sont donc obtenus les diminutifs conventionnels qui sont à la base de la composition des noms de personne à Figuig.

Quelques exceptions mises à part, il semble que la formation des diminutifs obéit à certaines modalités qui sont récurrentes et peuvent être décrites à défaut d'être expliquées[3]. L'observation de 210 diminutifs et appellatifs dérivés d'un corpus de 117 prénoms[4] permet de distinguer trois principaux procédés de troncature : l'aphérèse[5] et l'apocope[6], simples ou avec redoublement de syllabes et la chute de phonèmes centraux.

---

[2] Certaines personnes âgées des deux sexes ont des appellatifs qui sont des diminutifs reconnus d'autres prénoms. Une hypothèse qui n'a pas pu être vérifiée dans cette enquête est que le diminutif usuel éloigné du prénom peut être un indicateur de refus du prénom sacrificiel choisi par certains proches du sujet.

[3] Voir à titre d'exemple d'étude approfondie et très pointue, les travaux faits sur les diminutifs français, notamment Plénat (1999) et Plénat & Solares Huerta (2001).

[4] Voir Tableaux 3 à 6, p. 202 à 204.

[5] L'aphérèse consiste à tronquer un mot en faisant chuter son premier phonème ou groupe de phonèmes. Exemple : Jacqueline et Abdelhakim deviennent respectivement Line et Hakim.

[6] Le procédé d'apocope consiste à diminuer un mot en supprimant son dernier phonème ou groupe de phonèmes. Exemple : Daniel et Fatima deviennent respectivement Dan et Fati.

Ainsi, selon le mode de diminution mis en œuvre, on peut classer les diminutifs conventionnels dans les dix catégories suivantes :

1. Les diminutifs dont la morphologie présente une grande différence d'avec le prénom auquel ils correspondent. On observe, en effet, que certains diminutifs ne partagent aucun segment, ou pas plus d'une voyelle ou consonne, avec leur prénom. Les exemples les plus frappants étant Abdeljabbar, Brahim, Lâarbi et Fedliya qui ont respectivement pour diminutifs reconnus *pali*, *wu*, *vvu* et *zza*.

2. Les monosyllabes obtenus par aphérèse simple. Ici, il y a chute de la ou des premières syllabes au début du prénom et emphase sur le premier phonème de la syllabe gardée. Ainsi, Aïcha, Khetou et Zoulikha deviennent respectivement *cca*, *ttu* et *xxa*.

3. Les dissyllabes obtenus par aphérèse simple. Par exemple : Fatima, Rabiâa et Jilali donnent respectivement *ttima*, *biεa* et *lali*. Plusieurs prénoms composés avec le morphème *εəbd* (Abd) subissent ce procédé de diminution. La chute de ce morphème est fréquente sur tout le territoire marocain. Mais la particularité de Figuig est que l'aphérèse simple ne touche pas tous les composés d'Abd, qu'ils soient d'usage récent ou ancien. En effet, la diminution de ces prénoms arabo-musulmans s'avère ici beaucoup plus complexe. Par exemple, Abdelkarim qui donne par aphérèse simple *karim* a ici comme diminutifs *kerru, kerrum,* et *kari*. Par ailleurs, les phonèmes du préfixe Abd ne disparaissent pas complètement dans certains diminutifs comme *baslam, baεziz, bazzag* et *bəlla* qui dérivent respectivement d'Abdesalam, Abdelaziz, Abderrazak et Abdellah.

4. Les dissyllabes obtenus par aphérèse et redoublement de syllabe. Parmi ceux-là on peut citer *cacca, mamma* et *nanna*, qui sont respectivement dérivés d'Aïcha, Halima et

Fanna. La plupart des prénoms féminins finissant avec le phonème *ya*, tels que Dawya, Dehbiya, Hemmouya et Mekkiya ont en commun le diminutif *yaya* qui est obtenu par aphérèse et redoublement de syllabe.

5. Les monosyllabes obtenus par apocope simple. Dans cette catégorie, seule la première syllabe du nom est gardée, avec emphase sur le premier phonème comme dans *mmu*, *ssa*, et *ħħa* qui dérivent respectivement de Mohamed, Salem, et Halima.

6. Les dissyllabes obtenus par apocope simple sont plus rares. On peut citer les suivants : *bubkka*, *kawa* et *cahra* qui dérivent pour le premier d'un nom masculin ancien, Boubker ; tandis que les deux autres dérivent de prénoms féminins récents, Kawakib et Shahrazade.

7. Les dissyllabes obtenus par apocope et redoublement de syllabe. Dans cette catégorie, on peut citer les suivants : *bubuc, vuvvu*, et *mumu* qui proviennent de Tbachirt, Voutha et Mohamed.

8. Les diminutifs obtenus par aphérèse et apocope, avec ou sans redoublement de syllabes, tels que *titti*, *yaya*, *qqa* et *sassa* qui dérivent respectivement de Fatima, Lyaqout, Abdelkader et Abdsalam.

9. Les diminutifs obtenus par chute de phonèmes centraux, tels que *xijja*, *xxa* et *buɛɛa*, respectivement dérivés de Khadija, Khira et Boujemâa.

10. Les diminutifs complexes dont la formation peut faire entrer en jeu et simultanément plusieurs procédés : aphérèse, apocope, et adjonction de segments (voyelles ou consonnes) absents du prénom originel. Dans cette catégorie, on peut citer *bayya*, *bati*, *madduj*, *ppassi*, *bəzzuq* et *ffaya* qui proviennent de Dehbiya, Fatima, Khadija, Abdsalam, Merzouk et Mostafa.

Au terme de cette caractérisation des diminutifs figuiguiens, on constate que les mêmes procédés peuvent être mis en œuvre pour former les diminutifs féminins et masculins[7]. La distinction des diminutifs réservés aux hommes de ceux réservés aux femmes est donc affaire de pure convention sociale. C'est dans le processus d'enculturation que l'individu apprend à reconnaître ces différentes catégories de diminutifs et à les utiliser dans ses interactions avec autrui.

Usages des diminutifs dans les interactions sociales

Comment les diminutifs sont-ils utilisés au quotidien dans les interactions sociales et à quelles catégories d'individus sont-ils attribués ?
Les principales caractéristiques du système de diminution figuiguien sont les suivantes :
1. Les diminutifs sont utilisés aussi bien comme appellatifs dans les situations d'interactions que comme composants du nom de référence des individus à l'échelle de la communauté. Ce qui constitue une différence notoire avec d'autres groupes amazighs où les diminutifs hypocoristiques ne sont utilisés que comme termes d'appel dans un cercle familial ou intime.
2. Les diminutifs sont en usage pour toutes les catégories d'âge et de relations sociales. En effet, ils ne sont pas réservés qu'aux enfants, aux proches parents ou aux amis intimes. En Mauritanie, où l'usage des diminutifs touche aussi bien les noms communs que les noms propres, Catherine Taine-Cheikh note que les diminutifs

---

[7] Certains diminutifs *d'asəmyər* (*xxa, jja, cca*) semblent avoir été formés à partir d'une sur-diminution de diminutifs d'*azəmzi* (*maxxa, xijja, macca*) correspondants. Mais on n'a aucun moyen de vérifier avec certitude que le processus n'est pas inverse. En effet, le *ma* de *maxxa* et *macca* peut être observé également dans des diminutifs de prénoms anciens et récents (*matuj, maluħ*). Ce qui nous amène à nous demander si ce n'est pas là un préfixe de diminution, permettant de distinguer une Moulkhir sénior (*xxa*) de sa cadette (*maxxa*).

de prénoms sont utilisés surtout pour s'adresser aux enfants « parce qu'ils sont les seuls envers lesquels l'extériorisation de tendres sentiments est toujours permise. En public, le diminutif hypocoristique ne sera guère utilisé par rapport à un adulte – sauf circonstances particulières -. » (Taine-Cheikh, 1988 : 94). Tandis qu'à Figuig, même les personnes les plus âgés ou les plus lointaines seront référées à et appelées par un diminutif de leur prénom.

3. Il existe un stock bien différencié de diminutifs réservés à l'appel et à la référence aux séniors (*iməqranən*), distinct du stock réservé pour les cadets (*iməzyanən*)[8]. Les diminutifs séniors sont désignés par le terme *asəmɣər*, qui signifie littéralement « faire grandir » et désigne toute action verbale ou gestuelle visant à marquer du respect aux personnes considérées comme supérieures par l'âge (*iməqranən*) et/ou le statut (*imɣarən*). Quant aux diminutifs cadets ils sont désignés par le terme *azəmzi*, que l'on peut traduire par « rendre plus petit » et qui désigne tout acte verbal ou gestuel tendant à marquer ou signaler la position généalogique et/ou le statut inférieurs du sujet.

4. L'individu reçoit dans le cours de sa vie au moins deux diminutifs de son prénom sacrificiel : un diminutif d'*asəmɣər* qui lui est attribué dès le plus jeune âge par ses frères et sœurs cadets ; et un diminutif d'*azəmzi* utilisé par ses aînés et ses pairs (cousins et compagnons de jeux de même âge). Par exemple une fille prénommée Fatima, aînée de sa fratrie sera souvent, dès le plus jeune âge, appelée *tatta* par ses frères et sœurs cadets, mais aussi par tous ses cousins cadets ; tandis que tous ses autres consanguins, alliés et relations plus âgés ou de la même

---

[8] Littéralement ce terme signifie les « petits », les « plus jeunes » mais il connote également un statut inférieur, par rapport aux aînés par l'âge et la position dans la maisonnée.

génération l'appelleront par l'un des diminutifs d'*azəmzi* de son prénom sacrificiel : *ttima, bitti, batti* ou *titti*[9].

5. Dans le cours d'une même journée, l'individu peut être nommé de manière variable selon qu'il est dans la position d'interlocuteur ou de délocuteur, mais aussi selon l'identité du locuteur et sa relation à ce dernier.

Classification des individus et codification des rapports aînés/cadets

Quelles fonctions remplissent les diminutifs dans la codification des relations sociales ?

Tout comme les prénoms entiers, les diminutifs remplissent tout d'abord une fonction d'identification des individus. En raison de la préférence marquée pour un stock réduit de prénoms, une maisonnée (*tiddart*) peut comporter plusieurs individus, de générations différentes et fratries distinctes, ayant reçu le même prénom sacrificiel. Il n'est donc pas étonnant que ce soit les prénoms les plus fréquents qui aient systématiquement deux diminutifs voire plus. Par exemple, Fatima, Khadija et Mohamed en ont respectivement sept, six et cinq.

Mais il serait faux de réduire les différents diminutifs d'un prénom à leur rôle d'identification. Car comme l'a bien montré Lévi-Strauss (1962), dans tout acte de nomination il y a toujours plus qu'une volonté d'identification. En nommant l'autre, on le classe tout en se classant soi-même par rapport à lui. Les diminutifs figuiguiens illustrent bien cette fonction classificatoire du nom de personne.

Les prénoms Mohamed et Fatima étant les prénoms préférentiels des premiers-nés des deux sexes, ils assument

---

[9] Une fois que le choix de l'entourage familial immédiat s'est porté sur l'un des diminutifs existants, ce diminutif collera à son porteur toute la vie comme une seconde peau.

une fonction de classification, créant ainsi une homonymie de classe entre tous leurs porteurs. Dans nombre de sociétés européennes, le choix d'un même prénom pour les premiers nés des garçons a pour fonction de désigner l'héritier unique du nom de famille, de la maison et d'autres biens fonciers et symboliques[10]. Dans le cas figuiguien, le droit de succession musulman ne permet pas l'exhérédation systématique des cadets, mais la maison comme les terres agricoles étaient souvent gardées en indivision sur plusieurs générations. On peut donc émettre l'hypothèse que dans cette société où les rapports hiérarchiques sont fondés sur l'âge, la coutume de donner le même prénom aux aînés a pour fonction de désigner, au sein de la famille (*tiddart*) qui peut succéder à – ou qui peut remplacer momentanément – le chef ou la maîtresse de maisonnée (*amyar̲* et *tamyar̲t*) dans l'exercice de l'autorité[11].

Les diminutifs d'*asəmyər̲* permettent également de classer les individus et de marquer leur rang de séniorité dans une fratrie. En raison des décès fréquents des nouveau-nés en bas âge (après nomination), il était fréquent que des fratries ne comptent pas de Mohamed ou

---

[10] Voir notamment Pierre Bourdieu (1962) ; Yves Guy et Marie-Vincent Guy (1990) pour leurs études des stratégies matrimoniales et règles successorales dans deux sociétés des Pyrénées françaises où le droit d'aînesse est unilatéral. Ainsi que les travaux de Bernard Vernier (1991) sur les stratégies de prénomination dans l'île grecque de Karpathos, où le droit de primogéniture est bilatéral (l'aîné des garçons héritant des biens du père, tandis que l'aînée des filles hérite des biens de la mère).

[11] Dans une étude sur la transmission du prénom dans le Bas-Quercy (France), Jean-Claude Sangoï (1985) note que même en l'absence de biens fonciers transmissibles, dans les familles de métayers, la transmission du prénom de grand-père au petit-fils résidant dans sa maison [mais pas forcément le premier né] a pour fonction de désigner « un successeur dans la fonction d'autorité à l'intérieur de la maison, mais aussi dans la communauté villageoise ».

de Fatima vivants et que leurs frères ou sœurs second-nés deviennent ipso facto les aînés réels. Ainsi les diminutifs *duttu, ffa, tatta* ou *cca* classent tout de suite leurs porteurs comme des aînés de fratrie. Dans les familles à forte tradition nominative où les mêmes prénoms sacrificiels sont souvent attribués à chaque génération, c'est le diminutif usuel qui indique le rang de naissance de l'individu de manière similaire aux noms-numéros des Guidar du Nord-Cameroun (Collard, 1973)[12]. Ainsi une Khadija qui est l'aînée de sa fratrie sera systématiquement appelée *jja* par tous ses frères et sœurs. Tandis qu'une Khadija cadette sera nommée *xijja, xdduj* ou *madduj* par ses aînés.

Dans les situations d'interactions quotidiennes, les diminutifs assument par ailleurs une fonction de codification des relations aînés/cadets. Le respect des séniors est enseigné à l'enfant dès le plus jeune âge à travers l'institutionnalisation des diminutifs d'*asəmyər* au cœur même de la fratrie. Ainsi on apprend à l'enfant à marquer du respect et de la distance pour toute sœur ou frère plus âgé(e) ne serait-ce que d'un an. Le frère aîné notamment est l'objet du plus grand respect. Il ne doit pas être interpellé par ses cadets et cadettes ni par son prénom entier, ni par son diminutif d'*asəmyər*. Pour s'adresser à lui, ils doivent l'appeler par le terme de parenté arabe *xuya* qui signifie littéralement « mon frère ». Le recours à *xuya* plutôt qu'à *yuma*, son équivalent amazigh, a certainement pour fonction de renforcer la distance entre l'aîné et ses cadets. Lorsque l'enfant a plusieurs frères aînés, tous

---

[12] Dans cette ethnie africaine du Nord-Cameroun, l'enfant reçoit à sa naissance un nom qui indique son rang de naissance et son genre s'il est dans les quatre premiers et seulement son rang de naissance pour les positions suivantes. Au quatrième mois, il reçoit un surnom qui est de nouveau un composé de noms-numéros : le sien et celui de son père.

prénommés Mohammed, on lui apprend à les distinguer par des diminutifs composés tels que *datta xuya* et *mmu xuya*. Les appelatifs *datta* et *mmu* étant des diminutifs d'*asəmɣer*, ils assument ici un rôle de classification, puisqu'ils permettent non seulement d'identifier deux Mohamed issus de mères différentes, mais de les classer entre eux selon leur rang de séniorité et de moduler le respect et la distance qui leur sont dus par les cadets. Ainsi le premier-né des Mohamed sera nommé *datta xuya* et le deuxième *mmu xuya*. S'il en existe plus de deux la vivacité du système de sur-nomination permet de trouver un diminutif composé à chacun des occupants des rangs inférieurs qui permet de les distinguer, tout en indiquant leur position de cadets par rapport aux autres Mohamed et leur position de séniors par rapport aux autres cadets de la maisonnée. Ainsi dans un exemple de famille étendue comportant trois Mohammed : un cousin patrilatéral et deux frères issus de mères distinctes, le cousin – de par sa position d'aîné du trio – est appelé *datta xuya*, l'aîné des deux frères *mmu xuya*, tandis que son cadet est surnommé *mmu ħħəkk*. Le second composant du diminutif surnom du cadet du trio (*ħħəkk*) étant un diminutif du nom l'ancêtre éponyme de leur patrilignage (At Abdelhak).

L'appellatif *datta,* qui est l'un des deux diminutifs d'*asəmɣer* de Ahmed, peut également être considéré comme un équivalent de *dadda*, terme de respect chleuh utilisé dans le Sous en appellation comme en référence pour le frère aîné, ainsi que pour tout aîné de égo, qu'il y ait ou non une relation de consanguinité entre eux. On remarque qu'à Figuig, ce terme de respect entre dans la composition des noms composés des séniors, soit lorsque leur prénom sacrificiel n'a pas de diminutif d'*asəmɣer* reconnu (*datta ħasan*), soit pour marquer la distance généalogique et renforcer l'expression du respect dû aux aînés (*datta kka*, *datta jini*) (Tableau 4, p. 203). Du côté des femmes, c'est le terme *mamma* qui semble jouer cette fonction (*mamma batul, mamma ħəmmuya*) (Tableau 3, p. 202).

Dans les interactions quotidiennes, les diminutifs d'*asəmyər* prennent le pas même sur les termes de parenté utilisés partout ailleurs comme expression de respect des aînés. Ainsi des termes tels que *jəddi* et *ħənna* (grand-père et grand-mère), *ɛəmmi* et *ɛəmti* (oncle et tante paternelle), *xali* et *xalti* (oncle et tante maternelle) et même *ppa* et *imma* (papa et maman)[13] étaient rarement utilisés en termes d'appel ou de référence. Pour appeler l'un de ses consanguins, en tant que cadet de par sa position généalogique, ego doit utiliser leur diminutif d'*asəmyər* usuel ; tandis que pour se référer à eux, il utilisera le nom composé de leur diminutif d'*asəmyər* et de leur nom de famille. La relation de parenté qui le lie au délocuteur n'est rappelée que si ego se trouve dans un contexte externe au réseau d'interconnaissance.

Mais ces mêmes termes de parenté peuvent de nouveau être utilisés comme composant de diminutif avec comme fonction la distinction et la classification de proches portant un même diminutif d'*asəmyər*. Par exemple, dans une fratrie dont la mère et la tante maternelle de la mère porte le même prénom sacrificiel, Khadija, et donc ont le même diminutif d'*asəmyər*, c'est-à-dire *jja*, la tante de la mère est distinguée de cette dernière par l'appellatif *jja xatti*[14] Parfois ces diminutifs composés avec des termes de parenté contractés sortent du cercle de la parenté et deviennent des sortes de surnoms par lesquels l'individu est connu à l'échelle de la communauté. Il en va ainsi

---

[13] Toutes les personnes de plus de 60 ans précisent que l'usage d'*imma* et *ppa* en appellatifs pour les parents est une pratique très récente.
[14] L'appellatif *xatti* résulte de la contraction de *xalti*, terme de parenté arabe qui désigne la tante maternelle.

d'une certaine Mekhtara Out Lkadir que les enfants de ses frères ont surnommée *ɛətti xaḏir*[15] et qui est ainsi nommée par tous les habitants de son quartier.

L'enfant figuiguien apprend donc, dès le plus jeune âge, à faire la distinction entre les diminutifs qui expriment et marquent le respect dû à toute personne supérieure par l'âge ou le statut et les diminutifs qui expriment une relation d'égalité et de proximité.

On voit donc, au terme de cette analyse de la signification du recours intensif aux diminutifs dans les interactions quotidiennes, que loin d'être un simple moyen d'identification d'individus portant des prénoms sacrificiels identiques ou des appellatifs n'exprimant qu'une relation d'affection ou de proximité, ces diminutifs constituent un système de classification des individus et un puissant outil de transmission et de reproduction des rapports de hiérarchie et de respect qui structurent les relations aînés/cadets, au sein de la fratrie, dans la famille étendue et à l'échelle de la communauté.

Conclusion

Le système de nomination figuiguien est une institution sociale qui donne à voir la vivacité d'une culture amazighe locale où le nom de personne est une matière malléable dont les formes morphologiques autant que les fonctions sociales peuvent changer selon le contexte d'interaction où il est émis, mais aussi selon la nature de la relation qui unit locuteurs, interlocuteurs et délocuteurs dans le jeu des hiérarchies sociales.

---

[15] Ici le prénom sacrificiel de la personne est impossible à reconnaître puisque son appellatif est composé d'un terme de parenté (*ɛətti*, contraction de *ɛəmti*, tante paternelle) suivi de son nom de famille (*xaḏir*).

Cette institution nominative vivace, où la forme, la signification et le rôle social des diminutifs ne peuvent être compris en dehors des contextes d'interaction où ils sont émis, conduit à s'interroger sur la pertinence des entreprises de fixation par l'écrit de la morphologie des anthroponymes amazighes, de la recherche de leur sens originel ou de leurs origines historiques sans prise en compte de la structure des rapports sociaux et des stratégies nominatives des sociétés amazighes locales qui les ont produits et les perpétuent.

À travers son système de diminution d'un stock réduit de prénoms en majorité issu de la culture arabo-musulmane, la société figuiguienne nous donne à voir un bel exemple de fabrication de l'identique avec le différent. Car les diminutifs figuiguiens peuvent aussi être appréhendés comme un système d'amazighisation des prénoms arabo-musulmans. Le prénom sacrificiel arabo-musulman fonctionne comme une pellicule de nom qui permet de sacrifier à la nécessité d'être intégré dans la communauté des croyants et d'avoir un nom religieusement correct au jour du Jugement dernier, tandis que les diminutifs dérivés, véritables sédiments identitaires, permettent de se vivre amazigh au quotidien sans avoir à renier ses croyances.

Références bibliographiques

AUBAILE-SALLENAVE, Françoise. 1999. « Les rituels de naissance dans le monde musulman ». p. 125-160. In : Pierre BONTE, Anne-Marie BRISEBARRE, Altan GOKALP (sous la dir. de). *Sacrifices en islam. Espaces et temps d'un rituel*. Paris : CNRS. 465 p.

BOURDIEU, Pierre. 2000 [1972]. *Esquisse d'une théorie de la pratique, précédé de trois études d'ethnologie kabyle*. Paris : Seuil. 429 p. (coll. « Points », série Essais).

BROMBERGER, Christophe. 1982. « Pour une analyse anthropologique des noms de personnes ». *Langages*. XVIème année, n°66, p. 103-124.

COLLARD Chantal. 1973. « Les 'noms-numéros' chez les Guidar ». *L'Homme* [En ligne]. Tome XIII, n°3, p. 45-59. <https://www.persee.fr/doc/hom_0439-4216_1973_num_13_3_367358>

EL KHAYAT, Ghita. 2001. « L'apposition du prénom au Maroc. Approche multiple ». *Spirale*. Vol. 3, n°19, p. 65-76.

— 2006 [1996]. *Le livre des Prénoms du monde arabe*. Casablanca : Eddif. 233 p.

FELLAG. 2005. *Le dernier chameau et autres histoires*. Vidéo enregistrée le 4 juillet au théâtre des Bouffes du Nord. Paris : Astérios Productions.

GÉLARD, Marie-Luce. 2012. « Nomination (*Tasmiya*) Les rituels de la naissance dans le Sud marocain ». *Encyclopédie Berbère*. Vol. 23-24, p. 5616-5620.

GUY Yves, GUY Marie-Vincente. 1990. « Le droit d'aînesse absolue dans les Pyrénées centrales et le rang de naissance des conjoints ». *Bulletin et Mémoires de la Société d'Anthropologie de Paris*. Tome II. n°2, p. 117-129.

KHALLOUFI, Yassin. 2011. « Liste des patronymes de Zenaga » [En ligne], *Figuig Généalogie. À la recherche de nos ancêtres*. <http://figuig-genealogie.com/patronymes.html, mars 2013>

PLÉNAT, Marc, SOLARES HUERTA, Pancho. 2001. « Domi, Seb, Flo et toute la famille » [En ligne]. Exposé lors de la Journée « Hypocoristiques » du GDR de Morphologie. Université de Toulouse 2, 13 juillet. <http://w3.erss.univ-tlse2.fr/membres/plenat/PlenatHuerta05.pdf, janvier 2013>

PLÉNAT, Marc. 1999. « Prolégomènes à une étude variationniste des hypocoristiques à redoublement en français » [En ligne]. *Cahiers de grammaire*. N°24, p. 183-219. <http://w3.erss.univ-tlse2.fr/publications/CDG/24/CG24-9-Plenat.pdf>

SAA, Abdelkrim. 2012. *Migrants berbères marocains. De l'oasis de Figuig à Paris*. Paris : L'Harmattan. 235 p. (coll. « Histoire et Perspectives Méditerranéennes »).

SANGOÏ, Jean-Claude. 1985. « La transmission d'un bien symbolique : le prénom. Bas Quercy 1750-1872 ». *Terrain* [En ligne]. N°4, p. 70-76. <http://terrain.revues.org/2873, novembre 2013>.

TAINE-CHEIKH, Catherine. 1988. « Les diminutifs dans le dialecte arabe de Mauritanie » [En ligne]. *Al Wasît. Bulletin de l'Institut*

Mauritanien de la Recherche Scientifique. N°2, p. 89-118.
<https://halshs.archives-ouvertes.fr/halshs-00456271/document>
VERNIER, Bernard. 1991. *La genèse sociale des sentiments. Aînés et cadets dans l'île grecque de Karpathos.* Paris : Éditions de l'École des Hautes Études en Sciences Sociales. 312 p.
ZONABEND, Françoise. 1980. « Le nom de personne ». *L'Homme* [En ligne]. Tome XX, N°4, p. 7-23.
<https://www.persee.fr/doc/hom_0439-4216_1980_num_20_4_368131>

Liste des tableaux

Tableau 1 : La compensation matrimoniale dans quelques localités du Maroc --- 132

Tableau 2 : Les biens de la mariée dans diverses localités -- 153

Tableau 3 : Diminutifs des prénoms féminins d'usage ancien -- 202

Tableau 4 : Diminutifs des prénoms masculins d'usage ancien -- 203

Tableau 5 : Diminutifs des prénoms féminins d'usage récent -- 204

Tableau 6 : Diminutifs des prénoms masculins d'usage récent -- 204

Liste des figures

Figure 1. La photographie de studio : une pratique à dominante masculine 95

Figure 2. La photographie de studio : un rite de la petite enfance 98

Figure 3. La photo du Mouloud : preuve de bientraitance et du devoir parental accompli 100

Figure 4. L'album du Mouloud : même enfant à trois périodes différentes de sa croissance 105

Figure 5. La photo du Mouloud comme preuve de transmission des traditions marocaines 106

Figure 6. La famille royale : un modèle pour les photographes et les familles 110

Figure 7. Photos du Mouloud en costumes de marié(e)s 112

Figure 8. Photos du Mouloud avec les accessoires de portage des marié(e)s 113

Figure 9. Tente cérémonielle et accessoires du rituel photo vidéographique 114

Figure 10. Photo vidéographie des petites filles sur le palanquin 115

Figure 11. Photo vidéographie des garçons sur le cheval 116

Structures éditoriales du groupe L'Harmattan

L'Harmattan Italie
Via degli Artisti, 15
10124 Torino
harmattan.italia@gmail.com

L'Harmattan Hongrie
Kossuth l. u. 14-16.
1053 Budapest
harmattan@harmattan.hu

L'Harmattan Sénégal
10 VDN en face Mermoz
BP 45034 Dakar-Fann
senharmattan@gmail.com

L'Harmattan Congo
219, avenue Nelson Mandela
BP 2874 Brazzaville
harmattan.congo@yahoo.fr

L'Harmattan Cameroun
TSINGA/FECAFOOT
BP 11486 Yaoundé
inkoukam@gmail.com

L'Harmattan Mali
ACI 2000 - Immeuble Mgr Jean Marie Cisse
Bureau 10
BP 145 Bamako-Mali
mali@harmattan.fr

L'Harmattan Burkina Faso
Achille Somé – tengnule@hotmail.fr

L'Harmattan Togo
Djidjole – Lomé
Maison Amela
face EPP BATOME
ddamela@aol.com

L'Harmattan Guinée
Almamya, rue KA 028 OKB Agency
BP 3470 Conakry
harmattanguinee@yahoo.fr

L'Harmattan Côte d'Ivoire
Résidence Karl – Cité des Arts
Abidjan-Cocody
03 BP 1588 Abidjan
espace_harmattan.ci@hotmail.fr

L'Harmattan RDC
185, avenue Nyangwe
Commune de Lingwala – Kinshasa
matangilamusadila@yahoo.fr

Nos librairies en France

Librairie internationale
16, rue des Écoles
75005 Paris
librairie.internationale@harmattan.fr
01 40 46 79 11
www.librairieharmattan.com

Librairie des savoirs
21, rue des Écoles
75005 Paris
librairie.sh@harmattan.fr
01 46 34 13 71
www.librairieharmattansh.com

Librairie Le Lucernaire
53, rue Notre-Dame-des-Champs
75006 Paris
librairie@lucernaire.fr
01 42 22 67 13